雁栖湖
雁栖岛

北京北控置业有限责任公司
北京北控国际会都房地产开发有限责任公司　编著

中国建筑工业出版社

前言

"亚太经合组织的21个成员就好比是21只大雁,'风翻白浪花千片,雁点青天字一行'。今天我们聚首雁栖湖,目的就是加强合作、展翅齐飞,书写亚太发展的新愿景。"习近平主席以雁为喻,把亚太经合组织(APEC)与雁栖湖的命运密切地联系在一起。

这是一次历史性的相遇。雁栖湖这片自古形胜之地,因借《诗》篇中"怀柔"百神之雅意,因借盛唐以来华夏"怀柔"远人之威仪,再次谱写出华夏文明与世界对谈的强音。雁栖湖的APEC之遇,开启了雁栖湖的历史新纪元。雁栖湖以其美丽而富于诗意的栖居之所,成为东道主——中国恭迎APEC友人的礼宾之所。

APEC这一代表着亚太地区各个民族与国家和谐共荣理想的国际性会议,带着21个经济体的期冀与梦想,如21只志在青天的大雁,栖于雁栖湖畔,共商可扶摇直上九万里的大计。APEC峰会以轻松而温和的姿态,在山水之间,在诗意的所在,开辟了国际领导人在北京会晤形式的崭新篇章。

雁栖湖,这座京郊怀柔区美丽的风景胜地,在箭扣长城坚实的守护和辽远苍茫的天际线之下,怡然自得地恰如都市密林外的一座出世桃源,却又诗意而深刻地追慕着中国最古老的文脉和最真实的民族性。她从未远离世人的注视,反而正在以无限的生命力在迅速成长,成为多项国际会议的重要舞台。而APEC峰会,更使这一舞台成为新型大国外交展示其雍容气度的国家平台。以"共建面向未来的亚太伙伴关系"为主题,以亚太地区21个经济体为核心，东方与西方在这里相遇，现代世界与古老中国在这里相遇，"亚太梦想"与雁栖湖的灵山与秀水相遇，共同谱写亚太地区可寄予厚望的美好明天。美丽的雁栖湖也因此成为一处世界瞩目之地。

在雁栖湖，雁栖岛无疑是最称职的"迎宾人"。这座婉立在碧色湖水中央的独立小岛，以中国人特有的友好而又不失严谨的待客之道，承担了APEC峰会期间的主要会议功能。为使雁栖岛的规划设计、建筑设计、园林景观设计既能够满足APEC这一国际领导人峰会的接待功能，又能完美展示东道主中国作为文化大国的文化软实力，建设者们在与时间的竞赛中圆满地完成了这一既艰巨又荣耀的国家使命。每一位为完成此使命而不舍昼夜的建设者，都饱含着深沉的民族自豪感和豪迈的家国情怀。

所幸，雁栖岛如期与APEC相遇，并带给世界一个惊喜。它一方面顺利完成了这一国际盛会的接待任务，更以其风格独具的规划与建筑理念，成为APEC峰会留给北京乃至世界的一处丰赡馈赠。在这里，处处与建筑的功能相适应的，是其两大题旨的回归：既是独特的中国传统文化元素的回归，又是以绿色、环保为核心的理性建筑思想的回归。

雁栖岛的设计理念与中国西山东水、南低北高的自然地貌应和，整个设计实现了中国与世界、怀古与现代、自然与人文的平衡，这是一次对"天人合一"理念的最佳实践，是对中国传统文化元素的精巧演绎，也是中国与世界的一次亲切对谈。而整个雁栖岛对于中国传统文化元素的张扬，既是东西方文化交融与互通的鉴照，更是泱泱华夏以文明之国故向世界宣示其厚重的文化实力。

雁栖岛的建筑理性而不张扬，处处体现着以绿色、环保、节能为核心的设计理念。无论建筑风格，还是建筑设计与施工理念，雁栖岛的建筑都始终将人与自然的和谐列为首要目标。

雁栖岛如斯，若想揽大国风范，看对新中式建筑的理性思考和回归，可以走近如大雁展翼般的国际会议中心——"汉唐飞扬"。她是雁栖岛的核心建筑，在此次APEC峰会过程中肩负重任，承担了主要的会议功能，是代表中国形象的国宾级会议接待场所。她将汉唐时期的中国元素与现代建筑风格有机结合，又和雁栖岛的规划准则完全契合，获得了来自世界的无数赞许，更完美诠释了悠悠中华的大国气度。

雁栖岛如斯，若想惬意栖居，观画品茗于山水之间，可以走近雁栖酒店。雁栖酒店从总体布局、建筑外观乃至景观设计无一不体现了中国文化及建筑传统，是展示中华文化的舞台和场所，充分表达从经济大国向文化大国迈进的"文化自信"。她充分利用地块现有的自然景观条件，表达中国式的"山水的自然观"，强调与自然结合，以打造具有中国特色的山水会议；同时也借鉴和利用现代建筑的语言、特点和表现手法，结合现代功能和现代的建造技术。因此，她既是"传统的"也是"现代的"。

雁栖岛如斯，若想赏地域特色，于"和而不同"的哲学命题中思辨，可以走近雁栖岛十二栋环岛贵宾酒店。她们充分汲取中国丰富的地域风采和文化精髓，在建筑形态和空间设计中体现出中国传统建筑的内涵；虽形态各异，却遵循"和而不同"的哲学理念，划分为西南峡谷、西北山地、东北密林、华北尊崇及江南水乡五个组团，用以代表中国丰富的地域景观和文化特色。十二栋美轮美奂的贵宾酒店，宛如大珠小珠落玉盘，在丛林掩映中绽放光彩。

雁栖岛如斯，若想尽赏湖光塔影，可走近雁栖塔。位于雁栖湖水中央的雁栖塔塔体颀长、玲珑挺拔，背景为连绵起伏的燕山山脉、古长城，在远山近水古城墙的映衬下，雁栖塔愈发显得端庄尊贵、古朴大气。雁栖塔精工细作，瑰丽华美；整组建筑高低错落，空间层次丰富，为雁栖岛美丽的天际线勾勒了最出彩的一笔。

雁栖岛如斯，若想游园漫步，乐享山水之趣，可以走近冬园与夏园。冬园位居国际会议中心北边山坡，登上山顶景亭向南可纵观国际会议中心，向北则是一片山野烂漫的景致。而夏园则是位于国际会议中心南侧的水景游园，其曲水叠瀑、柳荫薇艳。

此次编写此书，意在展示雁栖湖乃至雁栖岛的营造历程。谨以此书献给雁栖岛建设过程中的决策者和建设者，以及广大关心和关注雁栖岛的友人。惟愿读者展卷之时，能读到一个因APEC而变得更加美丽的雁栖湖，也能读到来自盛世中国的诚意与仪范。

目录

前言

第一篇 雁栖概览

壹 APEC与大雁栖息的地方 — 002
- 01 雁栖湖的灵山与秀水 — 004
- 02 在此的必然 — 005
- 03 悠悠大国的"轻松外交" — 006
- 04 雁栖升华 — 007

贰 情筑雁栖岛 — 012
- 01 集思广益——规划方案的征集和确定 — 014
- 02 轴线的规划 — 014
- 03 地域文化特色的表达 — 017
- 04 和而不同的雁栖湖生态 — 017

第二篇 聘问之礼

叁 雁栖门户 — 020
- 01 设计初衷 — 021
- 02 汉风唐韵，三重门户 — 022

肆 "汉唐飞扬"——雁栖湖国际会议中心 — 030
- 01 从汉唐古风到现代元素的演绎 — 036
- 02 平面布局之坛城与九宫格 — 038
- 03 外观之鸿雁展翼 — 039
- 04 室内设计之礼乐空间 — 045
- 05 科技的慧心 — 078

第三篇 栖居之所

伍 灵动诗意的雁栖酒店 — 084
- 01 新中式建筑的瑰丽光影 — 086
- 02 在山水画卷中惬意栖居 — 092

陆	和而不同的贵宾酒店	112
	01　西南峡谷——杏林居和古藤居	114
	02　西北山地——翠柳居和枫叶居	126
	03　东北密林——得月居和听泉居	140
	04　华北尊崇——鹿鸣居	152
	05　江南水乡——黄鹂居、水乡居和松风居	158
	06　雁栖之巅——澹云居和稻香居	186

第四篇　风景之致

柒	古韵点睛——雁栖塔	204
	01　湖光塔影	206
	02　雁栖诗书	216
	03　文化升华	222
捌	天地人和　步移景迁	226
	01　21株白皮松——亚太伙伴林	231
	02　清茗寒舍自在中——烟泽汀	233
	03　柳荫薇艳，嬉水濯足——夏园	236
	04　登高赏雪，望月怀远——冬园	247

雁栖湖生态发展示范区、雁栖岛建设大事记	250
致　谢	252

001
/017

第一篇
雁栖概览

第二篇
聘问之礼

第三篇
栖居之所

第四篇
风景之致

雁栖概览

第一篇

【雁栖】，就是大雁栖息的地方。她北倚莘都山，西偎红螺山，连绵有致的山脉，温柔地俯瞰着镶嵌其中的雁栖之滨。静谧的雁栖湖水，遥衬着山上郁郁葱葱、长势茂盛的各种乔灌木，用清澈透明的蓝色与生机勃勃的绿色描绘着这一隅土地的主色调。

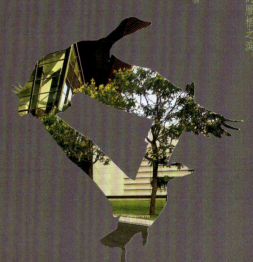

壹

APEC与大雁栖息的地方

这一方土地，开启了APEC的雁栖湖纪元，她微笑着张开双臂，以温和而轻松的外交姿态迎接着来自世界的拥抱。

2014年11月11日，古都北京秋日静美、碧空澄澈，燕山脚下秀美的雁栖湖畔，鸿雁翱翔、水静山明，来自亚太地区21个经济体的旗帜轻轻飘扬。这一天，注定是一个值得历史永远铭记的日子——习近平主席在出席亚太经合组织领导人非正式会议时，以一个崛起中的大国独有的自信与谦和，向世界展示了创造和实现亚太梦想的鸿业远图，更向世界娓娓道出了雁栖湖与APEC盛会相遇的盛况：在这里，发表了"北京纲领"与"共建面向未来的亚太伙伴关系"声明；在这里，作出了启动亚太自由贸易区进程，推动APEC实现亚太自由贸易区路线图的历史性决定；在这里，批准了APEC"互联互通蓝图"；也是在这里，确立了2025年的远景目标……这些美好的愿景，绣织的是中国梦、亚太梦，也是世界梦。

在雁栖湖成功举办的APEC，是APEC历史上一次里程碑式的会议——中国不仅为世界呈现了和平、发展、合作、共赢的大格局，更为人类的福祉做出了巨大的贡献。雁栖湖写下了APEC这个美好而不朽的注脚，令中国向世界呈现了一个完美的APEC峰会。这一方土地，开启了APEC的雁栖湖纪元。雁栖湖微笑着张开双臂，以温和而轻松的外交姿态迎接着来自世界的拥抱。

雁栖湖鸟瞰

01　雁栖湖的灵山与秀水

顾名思义，"雁栖"，就是大雁栖息的地方。雁栖湖北倚军都山，西偎红螺山，连绵有致的山脉温柔地俯瞰着镶嵌其中的雁栖之滨。静谧的雁栖湖水，遥衬着山上郁郁葱葱、长势茂盛的各种乔木、灌木，用清澈透明的蓝色与生机勃勃的绿色描绘着这一隅土地的主色调。置身于此，可以感受到一种迥异于他处的小环境与小气候——既裹挟着北方的干爽，又摒弃了南方的溽热，带有一种温带半湿润气候带恰到好处的惬意。潮湿温润的空气中，飘散着树木与泥土的芬芳；碧空与白云之间，偶尔掠过的雁影发出低回的鸣叫。

雁栖湖史略

雁栖湖，原称"雁溪河"，是潮白河水系的一条支流。"雁溪河"之名，自古已有。据清乾隆年间编纂的《钦定日下旧闻考》载："……雁溪河源出塞外，经神堂峪，由县东王化庄入白河。"怀柔境内自古河溪纵横交错，所有河流中以"溪"命名者唯"雁溪河"一条。

据传，"雁溪河"最初称"小清河"，因河水清澈得名。早年间河畔水草丰沛，每年秋冬时节大雁南飞，春分时节大雁北归，多在小清河畔栖息，所以该河又被称作"雁溪河"，后谐音为"雁栖河"。

1959年，人民公社建立之初，在雁栖河出峡口、临近范各庄乡北台上村处修建了一座水库，名曰"北台上水库"。此后经过数十年的绿化，水库区域生态环境不断改观，1985年被北京市政府列为"七·五"期间重点开发的旅游景区，因地处雁栖河出峡口处，且湖水多源自雁栖河，每年春秋两季又常有成群的大雁来湖中栖息，遂更名为"雁栖湖"。

02　在此的必然

雁栖湖的美，美在雁栖湖水。这方怀柔区的水域广阔之地，从空中俯瞰，周围的群山宛若一双宽厚的手掌，将碧蓝如明珠般的一汪青波温柔呵护于掌心之中。中国人自古喜欢择水而居，"水"更是代表着中华民族的精神内涵。作为先哲的老子，对水格外钟爱，《道德经》中即有"上善若水，水利万物而不争"的古句。悠悠碧波、静水深流的雁栖湖水，不仅恰如其分地应和了老子对水的诠释，更是向共赴APEC盛会的亚太地区21个经济体讲述着中华民族的德行——悠悠大国、炎黄之后的善德，就如同水之德，能默默利于世间万事万物而不与人争强争先，这是一种最接近于大道的品格和气魄，同时也承载着"上善若水，和衷共济"这一北京APEC峰会的美好期冀。因此，雁栖湖，这处繁华北京城隅的美丽水域，毫无悬念地成为可以代表中国国家形象、展演中华文明的上佳之地。

从北京的天安门，一路向东北60公里；抑或从首都国际机场，一路向北35公里，便可身临这处悠然的人间胜境。在紧邻着京承高速和京密路的地方，雁栖湖这片怀柔新区，正在满怀期盼地与有幸到此的人们相遇。从北京的三环路抑或六环路，走京承高速，出怀柔站，沿会都路前行，可直达雁栖湖西岸的范崎路或东岸的京加路，便捷直达的路网拉近了雁栖湖和北京市中心的距离。

雁栖湖宛如一座桃源，独立却不遗世，既与身临其中的都市保持着千丝万缕的联系——随着北京的不断发展，部分城市功能向城市外围转移，雁栖湖地区即承担了相应的城市功能；又偏安一隅，置身于城市集中建设区的外围。雁栖湖的此般特质，可以有效减少举办高等级会议对城市日常秩序的干扰，恰到好处地满足了国际高端会议举办地的基本要求。联合国第四次世界妇女大会，世界小姐、国际小姐中国赛区总决

暮色中的雁栖湖山水

赛，东亚商务论坛……一系列国际性重要会议及活动纷纷选址在怀柔举办。怀柔雁栖湖，正在以无限的生命力迅速生长，并成为当之无愧的高端国际会议举办地。

雁栖湖枕山抱水的绝佳自然风光、优越而无可比拟的区位和交通条件，以及高品位的会议服务设施和品质，决定了其成为北京APEC会址的"唯一性"和"必然性"。雁栖湖是怀柔经济发展的关键推力，是北京世界城市的重要象征，是中国展现软实力的最佳平台，更是中国与世界沟通的一扇窗口。因此，2013年10月，当习近平主席在印尼巴厘岛宣布，2014年APEC领导人非正式会议将在北京雁栖湖举办时，雁栖湖终于成为众望所归的焦点。从2014年起，雁栖湖的关键词不只有蓝天、白云、湖水与大雁，雁栖湖注定要在山水之间，书写一场盛世中华的外交盛会。

雁栖风光

03　悠悠大国的"轻松外交"

伴随综合实力和影响力的提升，中国越来越站在世界政治与经济舞台的中央，成为世界瞩目的焦点。各项国际会议在中国的举办，已让中国成为名副其实的国际会议大国。这不仅彰显着中国的强盛实力，也向世人展示着大国的外交风范。在诸多高端国际会议中，APEC是与众不同的一个。APEC峰会之所以被称为"领导人非正式会议"，是因为它主张各经济体领导人以轻松的形式会晤。每年APEC成员领导人都会身着东道主的民族服饰亮相，就像休闲度假一样，所以东道主往往会选择本国的历史名城或者旅游胜地作为会址。

中国作为2014年APEC的东道主，将领导人非正式会议的会址选在雁栖湖，把APEC峰会的精神体现得淋漓尽致——虽有大国风度，却谦谦有礼；虽有新中式礼仪，却不繁复冗杂；虽是21个经济体共商亚太未来发展之宏图伟略的盛会，但各成员领导人却能在优哉游哉间"指点江山，挥斥方遒"。雁栖湖的灵山与秀水，承载了亚太21个经济体的寄望，甚至收藏了全世界、全人类经济共荣共兴的梦想。因此，在这个有大

雁栖湖区位示意

古老而雄伟的明长城
（箭扣长城）

雁栖息的地方，21个经济体的领导人为实现"亚太梦想"，共商"共建面向未来的亚太伙伴关系的主题"。

04　雁栖升华

对于北京市委、市政府来说，雁栖湖无可置疑地是建设"人文北京、科技北京、绿色北京"这一城市宏图的最重要经脉，也是北京市打造世界级城市、提升国际交往的一笔重彩。正因雁栖湖已成为可以雍容展现中国经济、文化软实力的重要外交舞台，这里终于众望所归地成为APEC的落花之地，于是，成功地承办一届可以令世人瞩目的APEC领导人峰会就成为雁栖湖发展历程上的一个重要里程碑。也正因如此，对雁栖湖的升华成为必然。

1. 打造北京新名片

回望雁栖湖的建设历程，早在2010年4月，北京市委、市政府即将目光投向了雁栖湖，决定在其周边21平方公里范围内规划建设生态发展示范区，规划环湖建设国际会都，以承接重大的国际会议、会展和商务活动。雁栖湖不仅因周边景色至美的红

北京市市委副书记、市长王安顺,外交部副部长李保东,北京市市委常委、副市长陈刚视察雁栖湖生态示范区国际会都项目

北京市副市长陈刚在雁栖湖建设现场调研考察

螺寺、明长城、怀北滑雪场、雁栖湖国际高尔夫俱乐部等，而具备了承接国际会议的配套设施，更在此后几年的不断发展中，具备了较高的会议住宿接待能力，成为国际高端会议的接待场所。中央政治局委员、北京市委书记郭金龙就曾指出："要将北京雁栖湖生态发展示范区打造成北京市一张新的城市名片，成为世界高端会议共同向往的最佳举办地。"从此，雁栖湖即将成为北京向世人展示自己魅力的一张最靓丽的名片。

2. 生态发展示范区的提升

雁栖湖生态示范区周边分为生态湖区和浅山区。生态湖区环湖景观优美、地势相对平坦，会议会展、酒店和休闲设施优先设置在此，这里也是外交商务最重要的场所。其中的雁栖岛作为高端会议主要场所，其定位为峰会核心区。浅山区则点缀国际品牌酒店，在山间林地打造山地健身等休闲场所；并利用地形起伏变换的优势，打造"高端会晤场所"，用于私密性的非正式首脑活动。

不仅如此，雁栖湖生态示范区还引入了"海绵城市"的概念，保留了大面积的生态林地，局部建设滨水或山地公园，采用台田湿地、下凹绿地，恢复生态绿植区，建设鸟岛湿地与生态带，满足鸟类栖息、迁徙的需要。正是这些独具慧心的改造，使雁栖湖周边的生态系统得以优化，生物多样性得到增强，以"水"为核心的自然、生物和游憩内容得到优化，雁栖湖达到了理想中的近乎完美的自然生态系统。

在此基础上，结合生态示范区已有的天然条件，以尊重与自然山水的融合关系、保持连续完整的水岸体系、强化多层次的生态绿地系统为规划原则，雁栖湖生态发展示范区得到了进一步升华。总体改造项目达到绿色建筑评价标准公共建筑一星级以上，同时提出多达108项科技推广示范技术指南文件，并得到落实……

雁栖岛是雁栖湖生态示范区建设的重点，以雁栖岛为核心，结合周边自然地形地貌特点，完成了国际会议场馆建设，完善了生态湖区各项支持性设施，雁栖湖周边环境也更加优美。当时间的针脚前行到2014年10月，雁栖岛、日出东方酒店、北京雁栖湖国际会展中心等或壮美或曼妙的建筑形态已历历可见，至此初步形成了国际一流的低碳、绿色、生态会议会展区，实践了"中国特色、自然生态、绿色低碳、科技创新"的理念。2014年11月APCE峰会的顺利召开，更成为雁栖湖生态发展示范区的重要里程碑，也开启了可以记录一个时代盛世的全新篇章。

雁栖湖生态示范区主要支持性设施示意

雁栖湖规划构想（一）

雁栖湖规划构想（二）

海绵城市

海绵城市,是一种生动而形象的表述,是指城市能够像海绵一样,下雨时吸水、蓄水、渗水、净水,需要时将蓄存的水"释放"出来并加以利用。"海绵城市"因在适应环境变化和应对雨水带来的自然灾害等方面具有良好的"弹性",又可称为"水弹性城市"。

海绵城市首先要构建以水为核心的生态安全格局。由于水是流动和循环的,因此,水生态系统的影响因素并不在于水体本身,它与流域内其他土地利用等景观要素相联系。所以,以水为核心的生态安全格局包括区域性的城市防洪体系构建、生物多样性保护和栖息地恢复、文化遗产网络和游憩网络构建等,也包括局域性的雨洪管理、水质净化、地下水补充、棕地修复、生物栖息地的营造、公园绿地营造,以及城市微气候调节等。

其次,要落实水生态基础设施并构建"海绵系统"。生态安全格局最终通过规划落实在土地上,水生态基础设施就是这一规划结果,并成为城市扩张的底线和刚性的框架。以水域、河流缓冲带、湿地、绿地等为组成部分的水生态基础设施即为"海绵系统"。

再次,水生态基础设施用地控制与"海绵城市"建设需要技术指引。除了设置一定的指标实施严格的生态保护,对于人类活动密集区的水生态基础设施用地而言,最关键的问题是如何有效发挥其综合的生态系统服务,并相应制定更为细致的管理导则和建设技术指导。[1]

---

1 参考整理自:"海绵城市"实践:北京雁栖湖生态发展示范区控规及景观规划[J].北京规划建设,2005.1.

贰

情筑雁栖岛

雁栖岛,这座婉立在碧色湖水中央的独立小岛,以中国人特有的友好而又不失严谨的待客之道,承担了APEC峰会期间的主要会务功能。

雁栖岛，这座婉立在碧色湖水中央的独立小岛，以中国人特有的友好而又不失严谨的待客之道，承担了APEC峰会期间的主要会务功能。其设计理念与中国西山东水、南低北高的自然地貌应和，整个设计实现了中国与世界、怀古与现代、自然与人文的平衡。这是一次对"天人合一"理念的最佳实践，是对中国传统文化元素的精巧演绎，也是中国与世界的一次亲切对谈。

雁栖岛的规划建设，是北京市政府打造首都国际交往职能的重要窗口，它将成为最重要的国际峰会举办地，是国际要人及其家人在北京进行主要国事访问的居住地，也是在北京体验自然生态特色的会议度假休闲胜地，更是建造绿色城市、生态城市的范例。因此，雁栖湖不仅需要满足新时期中国建筑的审美要求，反映中华民族悠远绵长的文化底蕴；同时，作为生态示范区的核心，绿色、节能、环保的可持续发展理念须贯穿雁栖岛建设始终，力争做到世界领先，实现科技创新，起到全国生态区建设的示范作用。如此高标准的规划要求，令雁栖岛的规划从方案征集、方案确定，直到付诸实现，都写满了动人的故事。

雁栖岛总规划鸟瞰

01　集思广益——规划方案的征集和确定

对于雁栖岛来说，准确定位和规划理念是重中之重。怀着北京市乃至全体中国人的殷切期待，雁栖湖的空间布局和建筑形态只有用设计师的蓝图表达出来，才能令打造这张北京最靓丽"新名片"的激越梦想照进现实。

为了能让创意与思想碰撞出最耀目的火花，规划方案的征集没有过多的严苛约束。在展开第一轮国际方案征集时，挖掘创意，邀请国际国内的知名设计公司参与，探索规划思路。明确雁栖岛的规划定位，是作为新时期的国宾馆、国家的会客厅，是代表国家最高礼仪的贵宾下榻处。同时建筑风格突出中华文化内涵，彰显传统文化软实力，注重对中华古代建筑文化的提炼，力争打造具有中国特色的山水会议度假胜地。

为了最终得到一个优秀的规划方案，相继又开展了第二轮方案征集，邀请众多国内和国际有代表性的设计团队参与，最终确定雁栖岛的规划设计。雁栖岛结合南北轴线的布局，将庄重与自然有机结合。国际会议中心选取"汉唐飞扬"的建筑风格，定格岛内建筑的历史文脉；雁栖酒店采用新中式风格，奠定国家礼仪建筑设计的基调；景观效果以中式园林为目标，烘托国宾级接待场所氛围。在对岛与湖的岸线、天际线细致推敲的基础上，深度挖掘中国建筑文化特质，设置雁栖塔，优化景观效果。

终于，美轮美奂的雁栖岛，在设计者与规划者智慧的巧思之下，浑然仿若一幅处处体现和谐、自然的美丽画卷，慢慢铺陈开来。

02　轴线的规划

进入雁栖岛，纵贯岛内南北的轴线，是雁栖岛规划的一抹亮色，也是传统礼制建筑精髓的体现。雁栖岛的自然地形北高南低，隔雁栖湖北眺，巍峨的燕山山脉和崇山峻岭间掩映的明代古长城清晰可见。雁栖岛东、南有雁栖湖环绕，地势相对平坦开阔。顺应地势，其自然地形正好应和背山面水的建筑选址要求。规划师在雁栖岛的中心引入南北向中轴线，在轴线的中心设置雁栖岛的核心建筑——雁栖湖国际会议中心。国际会议中心以南设置了有江南园林灵秀之美的"夏园"，以北是有古典园林风范的"冬园"。这"一心二园"构成了雁栖岛核心功能区的主体。规划在构建南北序列的同时，也由内而外地提升了雁栖岛的景观和资源优势。雁栖岛将传统礼制建筑"中轴线"的运用进一步升华，隐形的轴线确定了主体建筑庄严肃穆的严整方位。

雁栖岛的空间序列和景观节点也经过审慎考虑、精雕细琢。各种入口、广场、亭台楼榭、车行道路、花间小径的设置，都充分考虑植栽与叠石搭配，对位与呼应，借景、对景等多种形式，形成一个个视觉焦点，做到步移景异，别有洞天。

从雁栖岛的入口开始，疏落有致的树木和蜿蜒的道路仿佛带人们进入了国家公园。漫步其中，景观收放有致，不知不觉中给人意外和惊喜，在轻松和幽静中人们逐步获得对雁栖岛的第一印象。直到来到国际会议中心北侧广场，领略"汉唐飞扬"的侧翼飞檐，再到其南侧广场的礼仪步道，庄重威严之感油然而生。

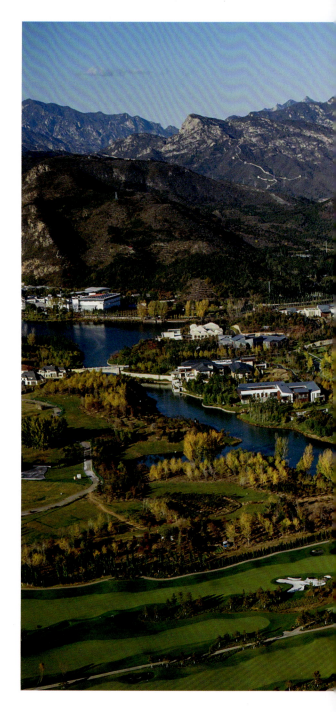

雁栖岛鸟瞰

雁栖岛原始地貌

规划策略——依托
天然山势建立轴线

核心区与贵宾酒店区
五大组团平面布局

03　地域文化特色的表达

在雁栖岛，围绕核心功能区需要配套设置餐饮、住宿等酒店服务功能，并要充分利用环湖的水景、山景等自然景观资源。因此环绕雁栖岛核心功能区布置了13栋酒店建筑，除雁栖酒店外，其余12栋为贵宾酒店。雁栖岛需要充分体现中国传统空间特质和当代的设计建造水平，而整齐划一的设计难免给人以呆板的印象。如何能在统一的思想风格中做到差异和个性，是12栋贵宾酒店布局规划和建筑设计的关键所在。中国国土辽阔，不同地域建筑的风格各异、传统文化特色鲜明，从地域文化中提取规划和设计元素，成为12栋贵宾酒店设计者的灵感源泉。

雁栖岛围绕核心区划分出五大片区，每个片区形成一个组团，分别为东北密林、西北山地、华北尊崇、江南水乡和西南峡谷。各组团建筑循雁栖岛地势，分别按照地域特色进行设计，各组团包含二至三栋酒店，各酒店集中体现所在组团的地域建筑特色，这既是祖国版图的映射，又是大国文化的凝练和升华。同时雁栖岛这种众星捧月的布局方式，能最大限度缩短各酒店与会议中心之间的距离，往返更便捷；同时利用景观和地形，各酒店之间又尽可能相互独立，确保安全与隐私。在全岛北侧最高处的雁栖之巅，规划精心设置了两栋贵宾酒店，与其所在组团风格不同。此外，为最大限度减小对用地自然环境的影响，每栋贵宾酒店的选址都精心斟酌，仔细筛选和推敲，尽量顺应原始地形，并避让原生林木密集区域，达到真正的和谐设计、和谐开发。

04　和而不同的雁栖湖生态

雁栖岛的定位是国宾级别的礼仪接待场所，自立项伊始便在生态环保方面提出了较高的要求——用"道法自然，和谐中国"的方式表达；同时严格按照雁栖湖生态示范区的总体控制要求，采取多种技术手段和绿色环保措施，将低碳生态理念贯穿整个项目规划、设计和建设的各个环节。雁栖岛从理论到实际，真正践行了生态示范区的环保使命。雁栖湖生态发展示范区命名上的"生态"二字就有别于其他示范区标签，也阐明了示范区的特色；后续更在生态绿色科技环保节能方面提出了高于普通标准的具体要求。终于，一个科技、环保、节能、生态的雁栖岛项目正式启动。

第一篇
雁栖概览

018
/081

第二篇
聘问之礼

第三篇
栖居之所

第四篇
风景之致

聘问之礼

第二篇

就是大雁栖息的地方。
她北倚军都山，西傍红螺山，
连绵有致的山脉，温柔地俯瞰着镶嵌着镶嵌着其
中的雁栖之滨。
静谧的雁栖湖水，遥衬着山上郁郁葱葱、
长势茂盛的各种乔灌木，
用清澈透明的蓝色与生机勃勃的
绿色描绘着这一隅土地的主色调。

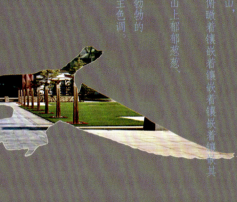

冬

雁栖门户

APEC会址雁栖湖国际会都营建了三级门户景观——雁栖湖·国际会都入口、雁栖岛入口以及国际会议中心南广场。这三级门户景观和而不同，重重递进，每级门户都为有幸到此的人们开启不一样的风景卷轴。

从踏上雁栖湖这偏安京郊一隅的美丽土地开始，即可从置身其中的山水园林、花草木石中，读出雁栖湖与APEC之间精彩绝伦的故事。这个故事将从雁栖湖的入口开始写就。APEC会址雁栖湖国际会都营建了三级门户景观——雁栖湖·国际会都入口、雁栖岛入口以及国际会议中心南广场。这三级门户景观和而不同，重重递进，每级门户都为有幸到此的人们开启不一样的风景卷轴。它们从容而自信地展示着大国形象与仪态，亲切地欢迎着来自世界各国共襄APEC盛会的人们。

01 设计初衷

作为2014年北京APEC的举办地，雁栖湖的门户景观无疑是最能打动人心的开场白。大气庄重、文圆质方的平面布局，汉风唐韵、斫雕为朴的造型设计，华美雍容、既怀古又现代的材料和色泽，无一不在向世界诉说一个文明、开放又肩负时代使命的大国的新时代形象。

当人们的脚步跨过每一座门户景观，很难想象，在一个承载着现代化会议功能的地方，竟能发现如此之多用中国传统文化元素表达的景观语言——汉阙、御冕、夔龙纹……它们被抽象、被浓缩、被物化，仿佛是跨越时空、从汉唐盛世来到当代中国的使者，在怀古的同时，又倾慕现代礼仪之邦的万千仪态。

作为人文景观，雁栖湖的APEC门户景观丝毫没有割裂周围的自然景观，相反，它们独具匠心的设计使其在既表达了历史、文化、艺术、审美的人文意境后，又巧妙地融入了周边的一山一水、一草一木，成为自然与生态的代表语汇。它们实现了"大自然"与"小工整"肌理完美而有机的融合，开拓了一种会都景观礼仪空间前所未有的创新模式。

雁栖湖门户景观设计，旨在以今天的视角、今天的需求、当下的情怀感受传统，感受中华文化的魅力，并把对中华文化的自豪之情及对传统建筑和园林文化的解读努力体现在景观的一石一木中。

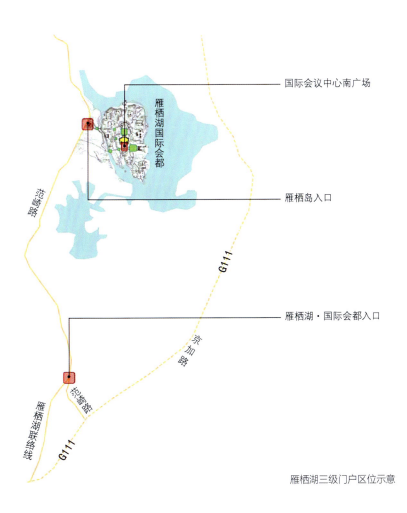

雁栖湖三级门户区位示意

雁栖岛入口

02　汉风唐韵，三重门户

雁栖湖·国际会都的入口是进入会都示范区的开篇级门户景观，雁栖岛入口是进入雁栖岛唯一的名片级门户景观，国际会议中心南广场则是雁栖岛最核心的国门级门户景观。

1．雁栖湖·国际会都入口

雁栖湖·国际会都入口，是进入雁栖湖生态示范区的第一道门户，是雁栖湖对外呈现的第一印象。沿会都路而下，国际会都入口显眼的标志和引导牌即会进入人们的视野。这里是区域景观的第一站门户形象，为贵宾开启了景观视觉盛宴的序幕，人们由此开启在雁栖湖的旅程。

2．雁栖岛入口

雁栖岛入口，作为迎接APEC来宾的必经之路，是最重要的门户。其设计打破了"就入口论入口"的设计桎梏，将入口作为一个微型景区来进行全面打造，相对狭窄的用地中形成了开阔的广场基底，在范崎路行进中逐步引入提示并创造出豁然开朗的视觉感受。

雁栖岛入口平面

雁栖岛入口由西向东安排了入口广场—金水桥—特色大门—缓冲广场等元素，形成入口广场景区。广场南北两侧还分别有5座对称布置的、楔入绿坡的灯饰景墙，它们与周边环境完美地融合，为入口广场营造了庄重又不失亲切的礼仪氛围。灯饰景墙打开场地南北两侧的楔入绿坡，形成南北向43米宽的广场边界；原始地形北侧被抬高1米，形成东西向长86米平整的广场范围；并将范崎路以西区域纳入设计范围，设置草坡，与东侧雁栖岛入口广场形成对景。

在景观安排和布局方面，雁栖岛入口借鉴了传统建筑中入口的空间序列和模式，各元素之间都有相应的尺度和模数，从而形成雁栖岛入口区的礼仪节奏。

入口广场的主景，是极富中国汉唐风韵的特色大门，其设计风格和设计元素与国际会议中心南广场呼应，与雁栖岛其他景观构成在风格上统一。大门顶部造型与镂空墙体的中式形态、协调的颜色搭配、浑然的材质相融合。在侧壁灯光照射下微微拱起的金水桥，更加凸显了大门的雄伟壮观和礼仪等级，使雁栖岛入口仪态大方，形成全新的门户景观形象。

大门以"御冕"为主题，顶部生动地运用"御冕"作为外观形态，紫铜的材料更展现出一种古朴的质感。

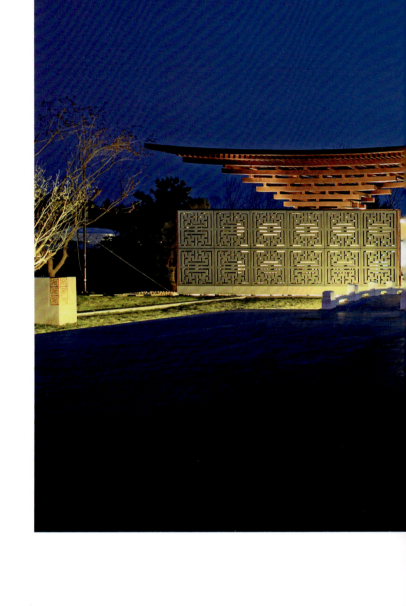

雁栖岛入口夜景

雁栖岛入口大门"万字纹"
大门墙体则采用中式"万字纹"花格，用深灰色再生石材打造，给人以坚实牢固的大门基座印象，同时还深蕴生态环保的理念。

3. 国际会议中心南广场

　　身临雁栖岛，走过景色如画的静谧园林，眼前会出现一片别有洞天的开阔之地——国际会议中心南广场。南广场是岛上最为中心的部分，是APEC峰会的主要礼仪广场。南广场北为国际会议中心，南眺雁栖塔，东西两侧为缓坡地形，整体地势下凹，道路横贯东西。它将中国承办APEC峰会所要表达的中国传统礼仪，精致地用场所设计语言传达出来。

　　南广场设计以汉唐文化为根基，完美地融入周边环境并巧妙利用了广场既有场地条件。从立意、布局到文化符号和数字的选择，再到材料的运用和细部雕刻，无不以中国汉唐文化为设计依托，成为向世界展示中国形象的景观门户。南端的迎宾台（晓月台）上设4个5.9米高的聆风汉阙，构成南广场的主景，起到平衡会议中心建筑、广场、水景和雁栖塔之间景深关系的作用，也围合成落客区的门户空间。

国际会议中心南广场
迎宾步道

南广场两侧的迎宾草坪

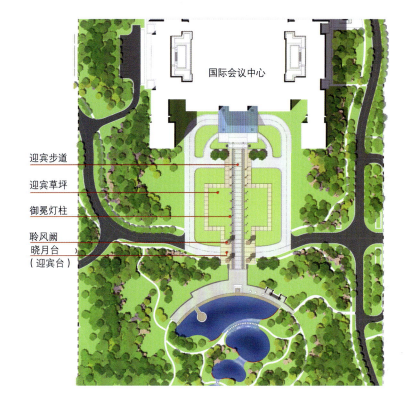

南广场平面图

南广场利用"中"字布局,按照中式礼仪格局,强调中轴对称,形成了中正方整的广场气势。

国际会议中心
南广场鸟瞰

南广场夔龙纹迎宾步道和御冕灯柱

晓月台与国际会议中心之间有宽9米、长近86米的"夔龙纹迎宾步道",迎宾步道两侧每隔6米即挺立着一个御冕灯柱,每侧9个,共18个,构成御冕灯阵;此外,迎宾步道两侧还布置了两组迎客松。步道两旁是青草如茵的迎宾草坪,草坪中的"U"形折线园路与步道共同构筑出广场"中"字形平面布局。

 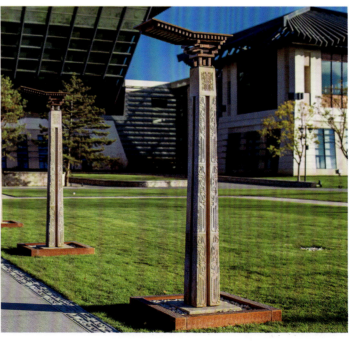

(左)聆风阙

(右)御冕灯柱

夔龙纹石刻细节

夔龙纹纹样

夔龙纹

夔龙纹是一种汉族传统装饰纹样，以直线为主，弧线为辅，神幻朦胧，风韵古朴。夔龙是中国古代神话传说中的单足神怪动物，形态与龙近似，它是商代晚期和西周、两汉时期青铜器的主要装饰纹样。

在我国传统语汇中，夔龙纹首先代表着民族血脉。夔龙纹贯穿着中华民族的文明史，是中国古代的社会思想、宗教意识及美学观念的缩影。作为商、周青铜器纹饰中群体数量最庞大、形式演变最复杂、流行时间最长久的纹饰，代表着皇家专享的权利，给人庄严、隆重之感。其次它代表着自然恩泽。作为农业生产的主神，龙的形象是中国历史文化中重要的图腾崇拜之一。夔龙在四时之龙中代表春天，即伏羲，又为雷神。夔龙纹出现在商、周巫风盛行的特定时期，是古代工匠在想象中体会神明，百姓祈求风调雨顺的艺术表达。

肆

『汉唐飞扬』——雁栖湖国际会议中心

它灵动的身影略显顽皮地冲击着人们的视觉,似乎从它身上就可以触摸到来自遥远汉唐盛世的有力脉搏,它就是雁栖湖国际会议中心。同时,它还有一个生动而贴切的名字——『汉唐飞扬』。

步入雁栖岛的核心区域，一座散发着雍容汉唐气质、犹如展翼大雁般的建筑蓦然落入视野。它灵动的身影略显顽皮地冲击着人们的视觉，似乎从它身上就可以触摸到来自遥远汉唐盛世的有力脉搏；可与此同时，它又悠悠然地，与周围的山水环境完美无瑕地融合在一起，富于变化而又呈对称之美的屋檐在碧蓝的天幕上勾勒出一道完美的折线，不会给人带来丝毫的突兀之感。这座建筑就是雁栖湖国际会议中心。也正因如此，它还有一个生动而贴切的名字——"汉唐飞扬"。

国际会议中心是雁栖岛的核心建筑，它在2014年APEC峰会过程中肩负重任，承担了主要的会议功能，是代表中国形象的国宾级会议接待场所。它将汉唐时期的中国元素与现代建筑风格有机结合，又和雁栖岛的规划准则完全契合，获得了来自世界的无数赞许，更重要的是它完美诠释了悠悠中华的大国气度。

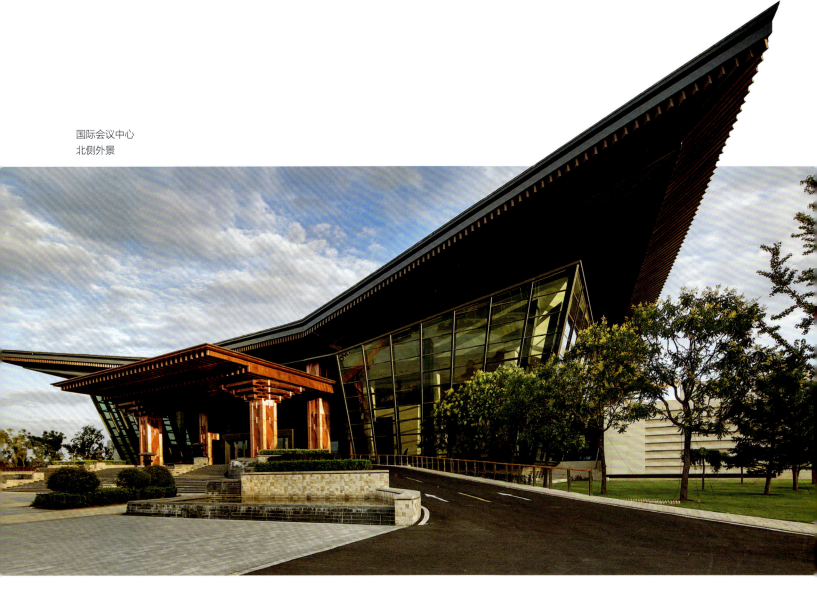

国际会议中心
北侧外景

国际会议中心南侧外景

国际会议中心南侧夜景　　建筑屋檐采用组合投光方式，由中间至两翼亮度逐渐提高，强化屋檐的"飞扬"动势。主体玻璃幕墙部分以完整的内透光方式，体现建筑内部的高大空间效果。建筑基座弱化照明，增强基座的厚重感与稳定感。

01　从汉唐古风到现代元素的演绎

　　敏锐地捕捉与感知山水环境，是建筑设计的起点。国际会议中心无疑是其中最善感而智慧的存在。它位于南广场的最北端，依山就势，邻水而置，建筑布局强调背山、面水、向阳，与山水环境完美融合。它宁静祥和，宛如从大地中生长出来一般；又如一只时刻准备振翅高飞的鸿雁，迷恋天空又不舍大地的拥抱。

　　国际会议中心的建筑风格强调"中而新"——既思索对中式传统建筑的理性回归，又着笔墨于对东方审美意境的全新表达。故此，国际会议中心选择中国传统文化极盛时期的汉唐元素作为建筑的装点，使建筑造型有如"鸿雁展翼"。在设计国际会议中心之初，曾借助折纸来推敲建筑的语素表达。用方形纸张折纸，折出四角宛如檐角，模拟传统建筑屋角起翘的效果。纸的表象通过形变而转化为具象的"鸿雁展翼"形态，物化成为人们心底深处古典的意向。

　　国际会议中心在接受了汉唐文化沁润之后，更成为一个保有新中式建筑的灵魂的存在。它秉持"天人合一"的设计原则，将高新技术和合理的工程技术融为一体，用绿色、生态和节能等现代化的语汇淋漓尽致地表达对自然的敬慕，慷慨地接受来自自然的恩赐。

　　国际会议中心从建筑布局伊始就充分考虑了原始地形中南北方向的6米高差，尽量减少对环境的破坏，最大限度减少现场土方量，将北侧一层结合地形卧进土中，有效利用土地并降低建筑高度，并避免北向冷风。同时结合北高南低的地形，形成南北两个入口。由北入口进入会议区，由南入口进入宴会区，这给与会人员提供了便捷的交通条件。此外，国际会议中心采用的钢框架——中心支撑结构体系，属于可回收的环保体系；室内在充分利用自然采光的情况下，照明主要采用高效节能的LED灯具，最大限度节约能源。

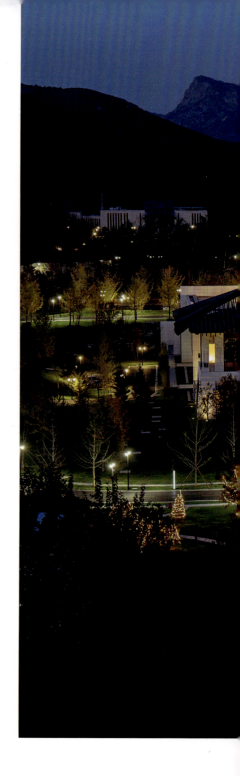

国际会议中心
南侧景观

国际会议中心南侧夜景鸟瞰

02　平面布局之坛城与九宫格

国际会议中心向南成环抱之势，其建筑布局从传统建筑"地坛""北海小西天"的逻辑中提取灵感。设计上强调空间格局，体现国家礼仪以及大国风范，并采用中国传统图案"九宫格"为空间组织的依托，组织功能布局。

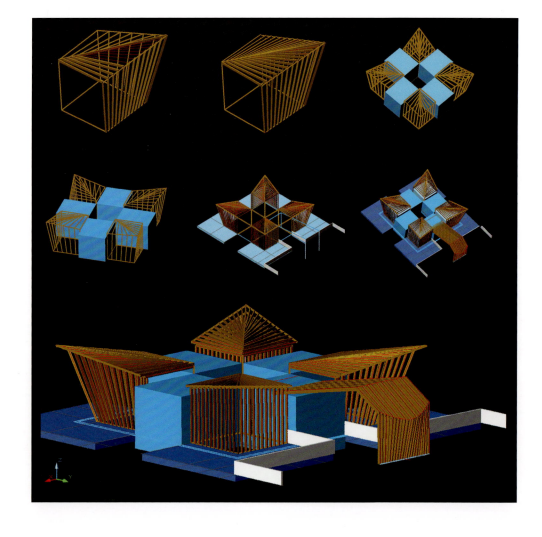

（左）国际会议中心建筑布局九宫格演化示意
九宫格起源于河图洛书，是中国先民心灵思维的结晶，也是中国古代文明的第一个里程碑，自古即被寄予了美好寓意及祝福，象征"融汇和谐与多元共存"。

（右）国际会议中心建筑屋顶及形体构成推演
国际会议中心最终效果，是将中部尖顶变平，仅四角起翘

03 外观之鸿雁展翼

诗经·小雅《斯干》有云："如鸟斯革，如翚斯飞。"雁栖湖国际会议中心的外立面便以此为据，以"鸿雁展翼，汉唐飞扬"为理念。其四角翘伸，形如飞鸟展翅，一飞冲天，升腾之势如翚斯飞，达到"鸿雁展翼"的隐喻。且中国古代以"鸿雁"代表书信，有"鸿雁传书"之说。"鸿雁"代表各方文化的友好与交流，代表各方文化的互通与对话，同时扣合了所属区域"雁栖湖"的地名。

在色彩表达上，国际会议中心采用与天坛祈年殿相同颜色的青蓝色金属屋面，表达传统建筑元素与现代精神的融合，增添了建筑的个性与特色。飞檐纹饰的运用贯穿于会议中心内外，从建筑四角到大堂立面造型，从楼梯栏杆到铜门拉手，从电梯厅内到标识标牌，层层的飞檐为国际会议中心营造出壮观的气势和东方古建特有的美感，极富民族特色，表达了对传统文化的尊重与弘扬，与建筑主体所展现的汉唐飞扬、民族复兴之义一脉相承。

国际会议中心角楼屋顶钢构造型

雨篷铜柱细节

雨篷装饰细节

室内标识

国际会议中心飞檐纹饰的运用

国际会议中心屋顶飞檐细节

飞檐是中国古代建筑在檐部上的一种特殊处理和创造，屋角的檐部向上翘起，形如飞鸟展翼。飞檐纹饰的运用，加以现代工业美学之演绎，成为具有独特飞扬张力的审美意象。

传统建筑飞檐

国际会议中心　玻璃遮阳百叶

考虑东西向夏季日照较为强烈，东西配楼玻璃幕墙外增设了外遮阳磨砂玻璃百叶，有效遮挡了夏季辐射热，同时丰富了建筑的立面层次。

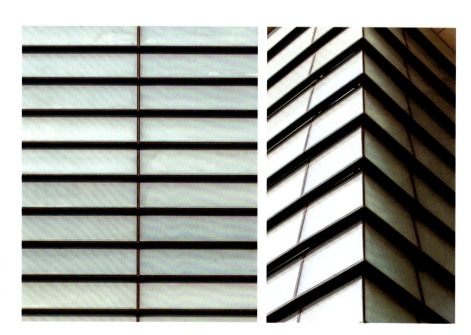

国际会议中心南侧入口雨篷

南侧入口雨篷高达两层,气势宏伟。层层错落的椽子造型和柱头简化的斗栱,将中国元素与现代精神融合。由现代材料传递古典元素,创造了崭新的视觉效果。

传统建筑椽子

国际会议中心内有东西两座内庭院，对称而置。东西庭院的设置为建筑内部带来更大的采光效果，同时提供了丰富的阳光茶歇空间，是建筑内部一个重要的露天区域。

国际会议中心内庭院

庭院内半围合的喷泉水池，使得庭院与建筑之间有一个软性遮挡，从室内望去，庭院景观在水幕后若隐若现。草坪上以中国传统园林假山石手法布置的黄金石小品，高低错落、层峦叠嶂地将怀柔山水意境尽收于庭院之中，以小见大、意境深远。

内庭院植物以早园竹为主，搭配冷季型草坪。崇山峻岭配以茂林修竹，节节而为、叶叶而累，树影交错中呈现浓缩山水。

04　室内设计之礼乐空间

国际会议中心由中央主楼和东西两侧配楼组成。其中，中央主楼地上共两层，一层以宴会接待功能为主，二层以会议功能为主。东西两侧配楼各层功能与主楼相似。在一、二层之间另外设置有会议夹层。

从南广场拾阶步入国际会议中心一层的南大堂，主宴会厅"鸿雁厅"居中而设，其他各厅分东、西两侧对称布置，东有杜若、踵武二厅；西有嘉月、昭华二厅。主楼两侧侧厅设电动扶梯，可直达二层北大堂，即二层入口大厅。北大堂面北而设，外部正对北广场，内部居中正对主会议厅"集贤厅"。阳光厅为紧邻集贤厅南侧的会议休息区，提供茶歇服务。二层会议室也分东、西对称而设，东侧分别设有惊蛰、谷雨、芒种和白露四室；西侧设有春飔、夏荫、秋韵和冬暄四室。

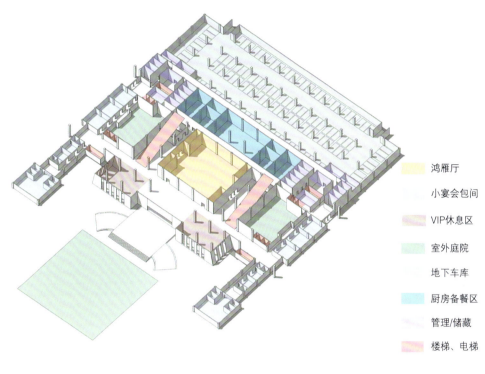

国际会议中心一层
功能布局

国际会议中心二层
功能布局

国际会议中心的室内设计源自传统礼制文化，从传统礼器"玉琮"中提取设计灵感。其空间和功能组织与玉琮"内圆外方"的形制相呼应——将核心空间鸿雁厅和集贤厅居于中心，上下叠合，并以对称布局突出室内的庄重与宏伟。

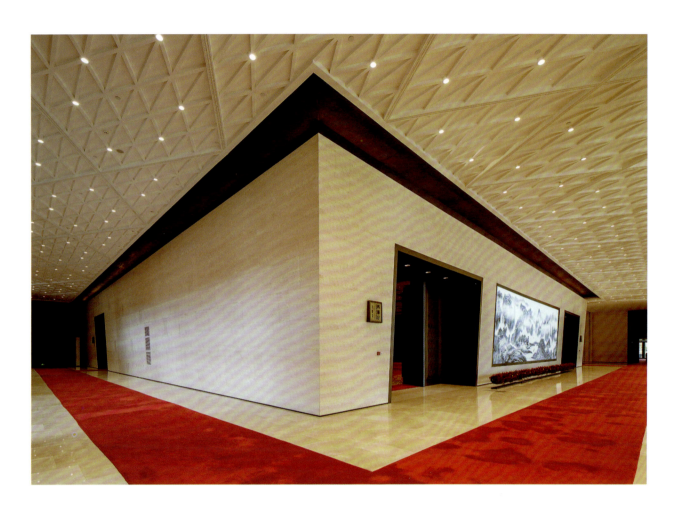

南大堂内景

（左）南大堂室内细节

（右）传统礼器玉琮

玉琮是一种内圆外方的筒型玉器，印证着"璧圆象天，琮方象地"，是中国古代重要礼器之一。

1. 南大堂

从南广场落客区,穿过长长的礼仪步道,有威武的石狮迎接八方来客。穿过宽大的门廊,进入国际会议中心南大堂,迎面投入眼帘是高大纯净的空间和巨幅LED高清显示屏。顶棚的纹理柔美雅致,如同雁栖湖泛起的粼粼波光;而墙面大理石如城墙般错拼,厚重粗犷。墙面居中装设我国研发制造的高清显示屏,画面生动逼真;八扇高大铜门分立左右两侧,庄重中不失高端大气。精美的飞檐图案穿插其间,古朴浑厚的铜门和大理石墙面,体现了厚德载物的民族精神。

南大堂

2. 鸿雁厅

穿过南大堂，便是国际会议中心的主宴会厅——鸿雁厅，面积近1100平方米，高达6.5米。室内设计风格端庄中蕴含着喜庆的元素，整体高端大气、不失严谨。根据不同的使用需求，鸿雁厅可通过暗藏于墙面的活动隔断，将整个大厅灵活地分隔为两个或三个独立的宴会空间。室内顶棚造型取自传统的藻井，镂空铜饰、灯具及空调风口被巧妙地结合在一起，满足了功能与审美的双重需求。通过智能控制系统，可实现新闻发布、大型会议、接待及宴会等8种不同场景照明模式。照明系统可独立控制，在分隔使用大厅的情况下，满足各自不同的模式需求。

室内墙面分内外两层，面层为精美的镂空铜饰，内里为同色系软包饰面，两层间暗藏照明灯槽，丰富了墙面层次，形成玲珑剔透的立体感。室内地面满铺整块手工枪刺羊毛毯，雍容华贵。

鸿雁厅

（左）鸿雁厅墙立面

通过暗藏于墙面内的"T"形活动隔断，鸿雁厅可最多分隔为三个独立的宴会空间，使用灵活方便。

（右）鸿雁厅墙面纹理细节

鸿雁厅顶棚造型细节

鸿雁厅地毯平面及纹样细节

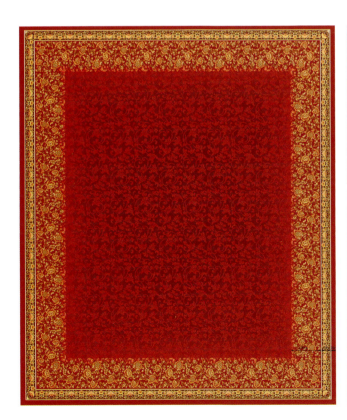

鸿雁厅地面满铺的地毯面积1018平方米，由百余名工人历时五个月织造而成。地毯图案取自唐代的蔓草纹样和牡丹花，运用了韵色的手法。蔓草象征着国家的繁荣昌盛，牡丹花有富贵的寓意。地毯构图简洁大方，线条优美流畅，色彩绚丽，雍容华贵，是目前世界上最大的单块无接缝手工枪刺羊毛毯。

3. 踵武厅、昭华厅

踵武厅、昭华厅位于一层东、西两侧角楼,三面通透,位置相对独立,坐落在南广场宽广的草坪内,迎客松、雁栖塔清晰可见,环境优美。

踵武厅

踵武、昭华二厅室内空间采用黑、白、金色调,层次分明。金色与白色顶棚、圆与方的造型、层层的退台构建出独一无二的中心。室内风格简洁明快,典雅的家具、多层次的灯光效果,都带给人庄重大方的感受。

4. 杜若厅、嘉月厅

国际会议中心一层东西两侧对称设置杜若、嘉月二厅，在内庭院的外围。全景玻璃窗将两侧户外美景全部纳入室内，宾客在室内犹如置身室外美景。壁龛内摆放的现代陶瓷大师的瓷器作品，体现出中国当代艺术家的艺术成就和对历史、传统的理解与传承。在这里，自然美与人文美相得益彰。

嘉月厅

杜若厅

5. 贵宾休息室

贵宾休息室位于南大堂两侧，面南而设。建筑造型中敦实厚重的外墙，在室内成为颇具特色的倾斜景窗。室内设计色调淡雅，古色古香，设置了明式的如意纹南官帽椅和案几，案几上摆放着紫砂山子、花草及古琴、茶具。墙面装饰现代山水国画作品，使传统与现代完美交织。

（左）茶桌及官帽椅

（右）灵芝纹茶几（明代）

贵宾休息室

6. 侧厅

鸿雁厅东西两侧对称设有侧厅，便捷的扶梯可直达二层北大堂。两层通高的玻璃幕墙、庭院中的喷泉与假山、绚丽的水晶吊顶成为侧厅的主角。

东侧厅

侧厅内楼梯置于上下扶梯的中间，庄重典雅。全景式幕墙不仅给侧厅带来充足的采光，更使人仿佛置身室外的竹林细雨中，聆听涌泉和微风的低吟。

东侧厅一层

灵动的水波纹吊顶造型延伸到侧厅，淡雅的石材色调带给人清爽的感受。

西侧厅休息区
扶梯下设置的观景休息区。

东侧厅二层
顺扶梯而上，可直达二层北大堂。晶莹剔透的水晶吊顶，长24米，宽2.2米，高1~2米，由直径20毫米的定制水晶玻璃管组成，管下装有两种颜色的水晶吊坠，拼成菱形花纹延展开来。灯内总计有325个LED光源，在夜幕中显得璀璨耀眼。

北大堂电梯厅

二层侧厅的东西两侧,是配楼会议区各厅,在与北大堂相通的连廊内,设置有无障碍电梯直达一层和夹层会议区。

7. 北大堂

在国际会议中心北广场,伴随着无边水池源源不断的流水声,传统石灯列阵欢迎着往来宾客。穿过宽广的门廊即进入北大堂。北大堂正对集贤厅入口,室内造型源于传统四羊方尊造型,显得刚劲有力、气势恢宏。将四羊方尊造型的上半部加以演化,用于集贤厅外墙面挑檐设计,形如飞檐,与建筑屋顶"汉唐飞扬"的立意异曲同工,遥相呼应。

(上)北大堂
挑檐的铜质饰面上刻有精美的飞檐纹饰,细致的雕刻纹理与简素的石材墙面形成强烈的质感对比,更凸显出北大堂的空间气质——器宇轩昂,卓尔不凡。

四羊方尊

8. 北大堂休息区

北大堂东西两侧设置会议休息区，供贵宾休息及会谈时使用。

休息区内摆放的定制家具、地毯、屏风及五针松盆景，每一件都是体现民族智慧与精神的艺术品。家具样式有明式南官帽椅、罗锅枨茶几和方刀牙翘头案等，选用质感细腻、似行云流水般纹理的黑酸枝类木材，采用榫卯、藤编软屉及雕刻等明式家具工艺，尊古创新，定制而成，精美雅致。在表面处理上，分别使用擦天然木蜡和刷天然生漆两种工艺，"南漆北蜡"的做法体现了对北派与苏式传统家具工艺的传承，并具备天然的环保特性。羊毛手工地毯是空间的点睛之笔，图案设计为写意的枯笔和挥洒的泼墨。为逼真展现墨色晕染的效果，调整了优化枪刺工艺，墨色之间有层次丰富的色线细致过渡。如此，地毯成为一件独具韵味的艺术品，犹如无声的诗。湖光山色的自然美景透过玻璃窗进入室内，室内细节也经精心推敲以与自然元素产生共鸣，呼应着雁栖湖水的粼粼波光。

北大堂休息区全景

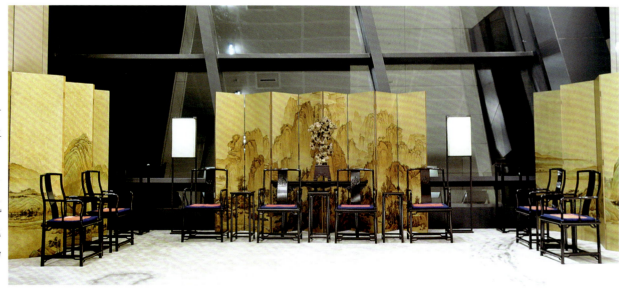

北大堂休息区内景
经以《富春山居图》为主题的漆画屏风围合后，原本大堂的边角一隅升华为展现庄重、自信及民族传统文化神韵的礼仪空间。

9. 集贤厅

集贤厅作为国际会议中心的主会场，宽30米，深40米，面积1200平方米，净高达12米。为了更好地体现各经济体间的平等关系和协商精神，APEC峰会21位政要按惯例围坐于圆桌前会谈，这对室内空间打造提出了严苛的要求。

因此，集贤厅扎根于中国传统审美和精湛工艺的土壤，将室内空间划分，并对各个界面精心设计，最终将传统造型装饰演绎、升华到美轮美奂的境界。

借用古法但不媚古，珍惜古法且不断创新。集贤厅室内构造技术追求"有源头、有创新"，在前人成就的基础上，利用现代工艺手法，采用现代技术完成了古人因技术手段局限而不能实现的艺术效果。

室内通过沿四周设置18根圆木大柱，对空间进行再塑造，强化了礼仪空间的层次感，丰富了空间形态。四周的廊道作为服务廊道，便于工作人员和记者通行，同时避免了服务活动对会议进程的干扰。柱廊环绕，与西方礼仪空间的柱廊有异曲同工之妙，又充满了中国传统建筑的情愫，是设计的灵魂所在。

集贤厅内景

集贤厅室内柱廊

集贤厅条案

集贤厅四角设置了八张条案,为雕草龙挡板翘头案。条案采用红木制,尺寸适中,造型大气,雕刻线条优美,与圈椅相映成趣,整体协调,为集贤厅增添了文化韵味。

集贤厅18根立柱上方史无前例地设计了18个2米见方、1.8米高的景泰蓝大斗栱。斗栱没有采用传统斗栱的原木色或七彩色，而是大胆采用暖色系橙色。灯光下的斗栱反射出的金属光泽，打破了顶部空间边缘常见的晦暗感，又与周围暗红色的木作融为一体。在掐丝景泰蓝的工艺上，尝试了多种新方法，使用2毫米粗丝取代传统0.3毫米细丝，双面掐丝点釉，很好地解决了景泰蓝600年来平面变形的问题。装饰图案专门选取了北京常见的花果植物，以其写生形态为原型，通过拼接、组合和变形等手法，设计出既满足工艺要求又符合空间文化特征的图案细节，风格流畅又具现代美感。

栌斗采用历代不同花鸟画，表现九个时代，依次展开的是：唐代"平婆山鸟图"、北宋"写生蛱蝶图"、南宋"菊虫飞蝶图"、明代"海棠图"、清代"仙尊常春图"，近代"玉兰黄鹂图"、近现代"红柿小鸟图"及现代"竹林小鸟图"，增加了室内传统文化情趣。

集贤厅景泰蓝斗栱

（上）集贤厅水晶吊灯
（下）集贤厅藻井仰视

藻井细节

　　集贤厅顶部的藻井造型与中央圆桌造型相呼应。莲花水晶吊灯直径5.2米，吊杆上面为蓝色"星空"，外围饰以仿玉制玉璧和56颗明珠组成的"珠联璧合"。仿玉浮雕上刻青龙、白虎、朱雀、玄武纹样，象征东、西、南、北四方神，含四方共庆之意。玉浮雕的圆环外，有蓝色的景泰蓝斗栱环绕，格外精致醒目，与下方直径为12.9米的圆桌桌面相呼应对比，完美呈现出圆桌会议的中心地位。

藻井梁枋采用黄铜装饰，着色精美图案，镶嵌在深木色梁枋上，显得格外硬朗精致且色彩斑斓。为提高礼仪大厅的顶部亮度和照度，同时兼顾声学要求，藻井设置条带形云纹反光灯槽，并在平面上饰以牡丹纹卷草浮雕彩绘，色彩典雅亲切。

　　集贤厅整体采用传统大木作的格局、小木作式的精雕细琢。常规木材和特殊工艺加上新设计的卷草纹装饰，处处展示红木家具般厚重沉稳、隽永朴拙。墙面木作和吸音软包墙之间，嵌入了细纹雕刻铜条，使不同材质完美过渡。

集贤厅梁枋

（左）梁枋内彩绘

（右）梁枋细节

集贤厅木作

木雕墙饰细节

集贤厅东西两侧墙面，镶嵌有主题为"燕京八景"——太液秋风、琼岛春阴、金台夕照、蓟门烟树、西山晴雪、玉泉趵突、卢沟晓月、居庸叠翠的东阳木雕墙饰。"燕京八景"经清乾隆皇帝御定，浓缩了北京历代风貌。东阳木雕是国家级非物质遗产，自唐朝至今已逾千年。静列其前，似时空穿越，任历史沧桑变幻，中华民族精神却生生不息。

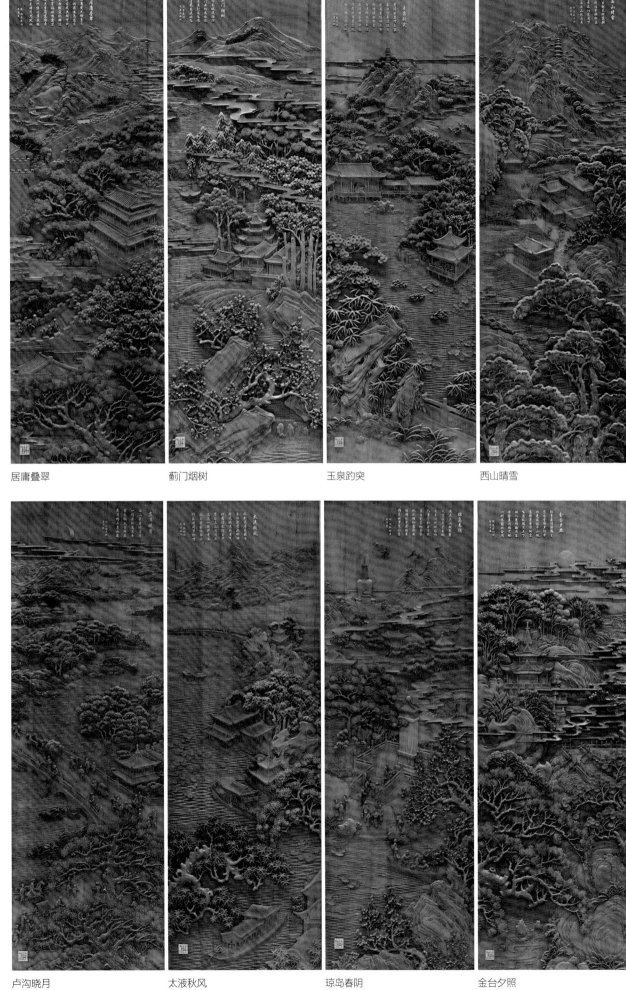

居庸叠翠　　蓟门烟树　　玉泉趵突　　西山晴雪

卢沟晓月　　太液秋风　　琼岛春阴　　金台夕照

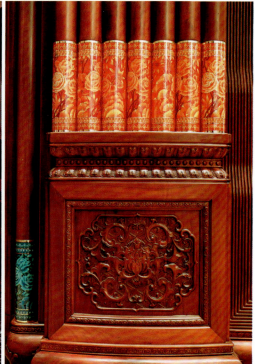

墙面上与圆柱对应的位置设置有壁柱,由7根直径为12厘米的小圆柱并列而成,位置与圆柱一一对应。壁柱上下以红色景泰蓝圆筒收头,造型似权杖,并与18个红色大斗栱呼应,提亮了四周墙壁。

壁柱细节

集贤厅实木门与壁柱

集贤厅主入口实木门

实木大门采用卷草纹图案雕刻，呈菱形均匀排布，形成一种独特的肌理效果。在中国传统文化里，"礼玉"等同于"礼遇"，所以门把手采用黄铜作旧，雕刻圈草纹和锦地纹，并镶嵌如意黄玉，色彩协调，质感有别，独具匠心。门套的内壁柱用直径12厘米的实木圆柱收边，嵌入蓝色景泰蓝拐角和柱基，提示门的位置并与天花藻井中蓝色斗栱遥相呼应。

实木门木雕与门把手

为增加室内舒适度，地面采用大面积浅驼色纯羊毛手工地毯。上千平方米的地毯无缝拼接，有银杏叶暗纹做点缀。地毯中心部位的牡丹团花图案设计独到，采用唐式轮廓、宋式细节和现代色彩。圆桌外侧座椅的外围，增加了一圈牡丹团花图案，与丰富的顶部造型相对应。

集贤厅内的主角是居于正中的圆桌，直径12.9米，桌面进深1.2米，面高0.76米，为简约中式造型，沉稳大气。桌面部分以白枫木皮饰面，柔和醒目，其微弱的反光，能削弱强光下人脸的阴影，确保良好的视觉形象。

集贤厅圆桌

围绕圆桌是均匀排布的21把托泥圈椅，圈椅为明式有束腰带托泥并精细雕饰的圈椅，造型庄重典雅。圈椅采用红木制，椅圈、腿子牙板曲线优美，尺度精准，作工精细。圈椅椅腿采用"一木连做"的方法，每根腿上下部分由一根木料加工而成，结构坚固，属红木家具行业内的独特做法。四角还创新性加装了不外露的脚轮，方便座椅移动。考虑到使用舒适度，特别邀请人体工程学专家设计安装了坐垫、靠垫以及脚踏，并对其材质、面料、高度、样式、细节都进行了精心考量。

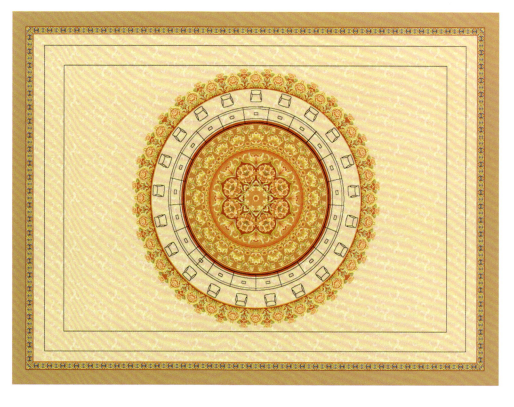

（上）托泥圈椅

（下）集贤厅地毯纹样

集贤厅入口对景，为大型落地木雕屏风"锦绣中华"，宽9.17米，高3.75米，绵亘不绝的群山、巍峨矗立的长城、铁骨铮铮的苍松、生机蓬勃的群花、鳞次栉比的高楼，构成一幅雄浑壮美的锦绣中华河山图，作品成为整个会场的视线焦点。屏风采用多种雕刻技法，如多层叠雕、错位构图、分组雕刻、一体融合等方式，还科学解决了材质热胀冷缩的物理问题。采用的材质，画面主体是椴木，木质洁白细腻，易于精工雕刻；底座边框采用红花梨木，基色庄重典雅，符合传统审美。

木雕屏风——锦绣中华

木雕屏风细节

集贤厅

10. 阳光厅

阳光厅位于国际会议中心二层集贤厅南侧，紧邻集贤厅，是供贵宾在会议期间休息的区域。阳光厅南可俯瞰南广场全景，远眺夏园的湖光塔影，景致优美。阳光厅沿用贵宾休息室古色古香的风格，设置有办公区、休息区和会谈区等。根据不同区域的功能，摆放有南阳木雕屏风、灵芝纹桌案、明式宽官帽椅和案几等家具。桌案上的文房四宝，更增添了书香气息，与环境氛围相得益彰。

阳光厅休息区

11. 白露厅、冬暄厅

国际会议中心二层东西两侧的角楼分别为白露、冬暄二厅，三面落地窗为室内带来充足的光线，窗外正对雁栖塔和夏园山水，独一无二的景观视角如一幅美轮美奂的山水画卷展现于眼前。

冬暄厅三面通透的玻璃窗打破了墙面的厚重，窗框如同画框，四季美景在其内更替展现，为室内引入一股清新的自然之气。纱帘落下后，户外的山水更有一种意境朦胧的美感。

冬暄厅

12. 艺术通廊

　　艺术通廊是连接国际会议中心与雁栖酒店的地下通廊，长116米。为打破狭长空间的单调感，中间位置扩大为带有采光顶的休息区。低调雅致的大理石地面，经过现代工艺处理过的剔筋榆木板，透露着粗犷的自然美感；玻璃采光顶、生机盎然的绿植墙面及高低错落的跌水景观，将阳光中厅营造为充满自然园林意境的惬意空间。

艺术通廊
墙面、天花与地面的交接处漫射出柔和的灯光，色调雅致的软包墙面如悬浮于空中。以北京名胜古迹为主题的摄影作品，使原本单调的过通空间变为充满艺术气息的画廊。

05　科技的慧心

集贤厅不仅室内美轮美奂，为保障会议顺利进展，还需要强大的国际会议技术支持系统和设备、机电系统。

1. 智能会议系统

为保证系统稳定性，整个会议中心设置了一套有线会议系统和一套无线会议系统。有线会议系统设备的信号不受外界干扰，无线会议系统则作为有线会议系统的备用系统。两套系统会时均为启动状态，当有线系统故障时，无线系统可及时替换使用，不会造成会议中断。同时设置独特的高管呼叫与随员呼叫系统，为参会领导人与随员建立联系。呼叫按钮搭配定制的景泰蓝底座，美观大方。随员佩戴手表，接收呼叫信息。

为满足APEC峰会21个经济体的多语种交流，集贤厅上方设置了12间同声传译室，实时翻译会议现场内容。同时考虑到会议期间众多的听会人员，多语种间的干扰，会议中心另外设置了10间不同规模的听会室。集贤厅全部会议信号（视频+音频）通过专用光缆传送至听会室，听会人员通过听会室显示装置观看现场画面，通过红外无线设备获得同声传译信号。

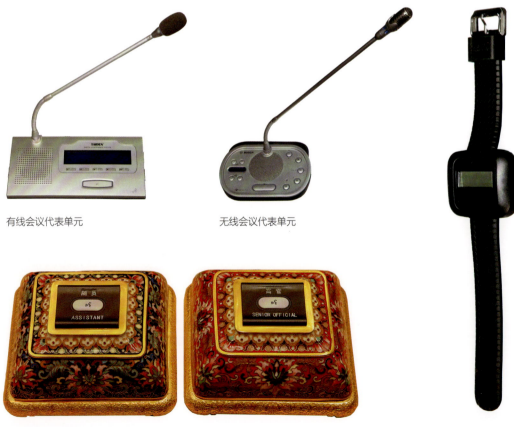

有线会议代表单元　　　无线会议代表单元　　　　　　　　　呼叫系统之手表

景泰蓝呼叫按钮

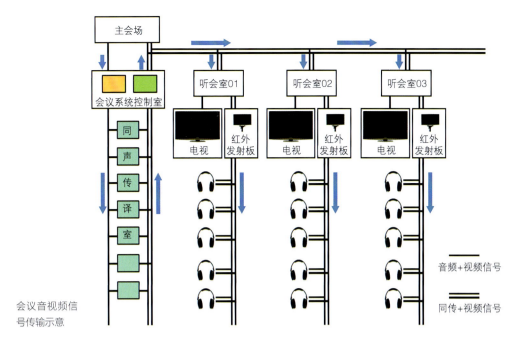

会议音视频信号传输示意

2. 主会场照明

集贤厅无自然采光，全部采用灯光照明，同时要求桌面照度须同时兼顾会议与电视转播需求。考虑到节能环保，集贤厅全部灯具采用LED光源，令与会者在舒适的会议环境中，看到更真实的转播画质。其中，为保证室内装饰效果，重点照明灯具还根据顶棚造型定制。

3. 电视转播系统

集贤厅在建设过程中充分考虑APEC峰会时的电视直播需求，以避免会前临时布线对会议现场的影响。主会场四周设置了专用电视转播信号插座箱，包括视频、音频、网络等通用接口以及专用电视转播信号接口。转播信号传送至电视转播专用接入间，通过信号转接柜传送至室外转播车。

4. 高清大屏LED电视墙

会议中心南大堂设置有LED屏幕，屏幕尺寸为12.5m×3.5m，由中国自主研发制造。屏幕采用前维护结构形式的P2.4点阵，可实现4K分辨率的视频播放效果。APEC会时播放的水墨山水视频，以精美的画面展现中国特色，得到了众多参会人员的赞许。

主会场电视转播插座箱

会议中心LED电视墙

5. 空调舒适度保障

集贤厅空调舒适度标准级别在雁栖岛内属于最高水平。为兼顾集贤厅装饰效果，同时满足APEC峰会期间空调舒适度的要求，集贤厅采用地板采暖、冬季辅助保持温度的方案；同时为确保集贤厅空调系统能够根据外界条件变化和会议需求得到调控，空调机组采用变频调节。工程完成后还进行了反复调试和测试验证，从而确保了会议期间集贤厅空调的舒适度。APEC会议当天，集贤厅空调舒适度实现了会前制定的指标，室内温度始终在22℃左右，湿度为40%～60%。在热舒适度方面，达到了诸种通用标准中规定的室内环境热舒适度各项指标的最高标准。

6. 空气品质保障

为确保室内空气品质，特制订了装饰装修材料专项控制标准，即"雁栖湖标准"。在此基础上，集贤厅空调机组内置安装了复合式净化器和二级静电除尘设备，对空气进行净化处理，主要包括紫外线杀菌、纳米光触媒，以及活性炭和两倍静电除尘装备，力求在外界空气品质较差时，室内空气具备较好的空气品质。经测试通过以上设备净化，空气中PM2.5去除率可达80%以上。

集贤厅空调系统安装完成后，进行了多次测试和验证。测试结果表明，集贤厅空调系统设计能力、设计指标完全满足会前提出的使用需求。同时，因空调系统较好地控制了风速，在正常运行条件下，风口、风管噪声也完全达到了最初的设计指标，完全满足会场声环境要求。

材料环保节能的雁栖湖标准

为实现雁栖湖生态发展示范区"低碳、绿色生态、节能节水"的建设目标，雁栖湖精装修工程所使用的装饰装修材料的产品质量和有害物质排放量不仅符合相应的国家标准、行业标准、北京市地方标准，而且特别要求其中的人造板、涂料、胶粘剂、壁纸、陶瓷砖与石材等5类14种装饰装修材料的部分有害物质排放量指标必须符合雁栖湖项目装饰环保要求的指标值。这些指标中有多项都超过美国及欧洲最高的环保要求，并且明确提出禁止使用胶合板、溶剂型防水涂料，壁纸和壁布施工时禁止使用脲醛胶。

不仅如此，还按照国家及北京市主管部门的要求，按照甲醛、苯、甲苯、二甲苯等各类污染物的总限量值和各种装饰装修材料、家具的有害物质限量指标，倒算各种装饰装修材料、家具的使用限量，在装饰装修材料与家具的品种、用量、有害物质限量之间进行权衡优化，并在雁栖湖项目装饰环保要求基础上对家具及其他辅助材料的有害物质制定了更为严格的限量指标。在工程实际实施过程中，项目管理人员按照标准严格把控材料的有毒有害气体的标准限值。雁栖岛建成后对各种室内有毒有害气体的检测达标率为100%，其中主要指标均远低于目前国家室内检测标准规定限制。

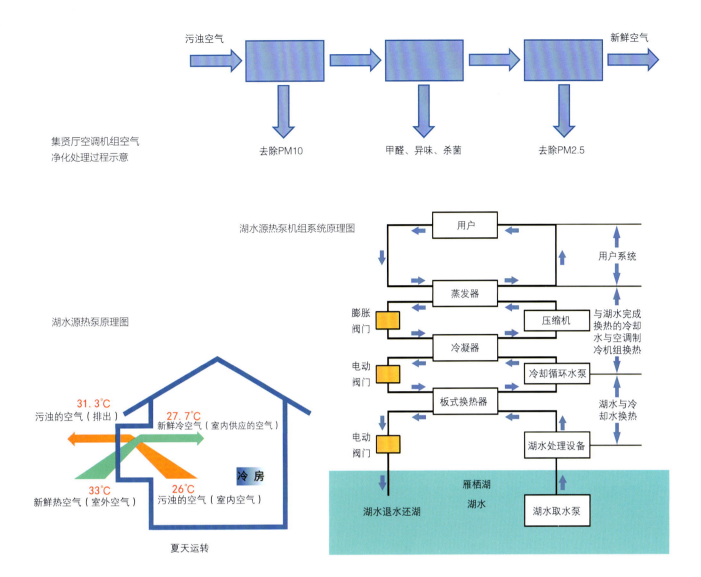

湖水冷却系统

水源热泵机组工作原理就是在夏季将建筑物中的热量转移到水源中，由于水源温度低，所以可以高效地带走热量。根据热交换原理，以空气或水作为制冷剂，降低温度后送到建筑物中。通常水源热泵水泵消耗1千瓦的能量，可以得到4千瓦以上的冷量。雁栖岛利用湖水夏季温度较低的特点，将湖水抽出，用于空调机组的冷却、散热，从而实现建筑节能。全套湖水冷却系统装机交换每小时可达到1580千瓦热量；正常运行状态下，年设计节电可达50万千瓦。按普通城市家庭月均用电200千瓦计算，够200多个普通家庭使用1年。

国际会议中心的设计建造雍容大度、儒雅高贵，既体现了中华文明的睿智和风骨，又展现了盛世中国的胸怀和气度。从每一处雕刻纹样到空气质量的每一项指标，各方面都力求做到极致，最终呈现出无可挑剔的代表国家形象的会议场所，集贤厅尤其得到国家领导人的高度评价。中国梦、亚太梦、世界梦在雁栖湖畔点燃，梦想从这里展翅翱翔。

第一篇
雁栖概览

第二篇
聘问之礼

第三篇
栖居之所

082
/201

第四篇
风景之致

栖居之所

第三篇

就是大雁栖息的地方。地北倚军都山，西偎红螺山，连绵有致的山脉，温柔地俯瞰着镶嵌着镶嵌着镶嵌着镶嵌其中静谧的雁栖湖水，遥衬着山上郁郁葱葱、长势茂盛的各种乔灌木，用清澈透明的蓝色与生机勃勃的绿色描绘着这一隅土地的主色调。

伍

灵动诗意的雁栖酒店

雁栖酒店因地处天然水湾，建筑围绕水湾展开，包揽湖中美景，其舒展而悠扬的建筑形态，好似一只大雁在岸边起舞。

雁栖酒店是雁栖岛环岛酒店中规模最大的酒店，位于雁栖岛东岸，西望国际会议中心，地上有入口广场与国际会议中心南广场直接相连，地下有艺术长廊与其相通，方便会议和宴会的衔接紧密。雁栖酒店东临雁栖湖，是观赏雁栖湖的最佳视点，湖岸设有游船码头和音乐灯光喷泉。夜幕降临，雁栖酒店便成为整个雁栖岛畅舞的主角。

作为雁栖湖休闲度假型高星级酒店，雁栖酒店也是整个雁栖岛的管理中心与服务中心。

因地处天然水湾，雁栖酒店围绕水湾展开，包揽湖中美景，其舒展而悠扬的建筑形态，好似一只大雁在岸边起舞。建筑从整体到细节，从传统文化出发，尊重和表达传统的气质，她既是"传统的"也是"现代的"。在现有的自然景观条件基础上，以中国特有的"东方山水的自然观"，表达景观与自然的结合。

雁栖酒店总平面
雁栖酒店位于雁栖岛一处天然水湾，地形西高东低。这里原始生态景观资源良好，湖水深入陆地，呈现水天交融的湿地美景，近可观雁栖湖碧波，远可眺燕山山脉。

雁栖酒店临湖鸟瞰

01　新中式建筑的瑰丽光影

　　雁栖酒店的建筑整体采用新中式的建筑风格，将传统文化与现代建筑相融合。建筑基座采用暖黄色黄金麻石材，好似岸边砂石；上部的深褐色石材以及深青色金属坡屋顶，好似郁郁葱葱的密林。建筑整体好似从湖岸边生长出来，利用场地高差，向岛上生长。

（下）雁栖酒店主入口夜景

雁栖酒店入口处的夜景，使用LED线型投光灯勾勒入口雨篷线条，产生立柱剪影的效果，使得夜晚的雁栖酒店更增添了一种神秘感与吸引力。同时，入口处的无边水池内安装了24V低压水下灯，给流水增添了"波光粼粼"的效果，更为水池喷泉增添一片华丽之光。步道两侧的灯柱在满足活动照明的同时，也为入口处增添了更加丰富的层次。雁栖酒店的夜，无比瑰丽。

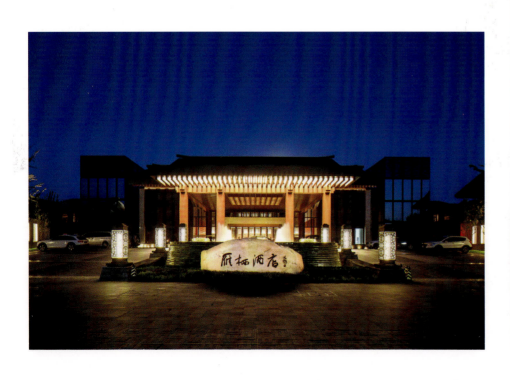

雁栖酒店宴会厅室外

雁栖酒店西侧外观

雁栖酒店主入口面西而设。在夕阳的照射下，走近雁栖酒店，高大的入口雨篷、威严的柱廊、无框玻璃幕墙上婆娑的树影，伴随着无边水池潺潺的流水，石材景墙和金属格栅，会使人的内心无比平静祥和，仿若身处世外，坐看天高云淡。

雁栖酒店东侧夜景
面对湖景的中央公共空间,三层通高,采用全玻璃幕墙,达到最佳观景效果。

雁栖酒店东眺
雁栖酒店两端配楼的二层、局部三层是客房部分,南北朝向,通风采光最佳,能最大限度满足节能要求,也能大限度欣赏到湖景的布局。客房部分外墙石材采用竖向线条划分,疏密相间,错落有致。"浮雕式"的线条丰富了建筑立面的光影效果,单元式组合既满足了景观要求又保证了客房的私密性。

为契合原始地貌，雁栖酒店最大限度保留了湖岸原貌。从主入口到湖边有8米左右的高差，酒店充分利用高差，在二层设置主入口及入口大堂，而在一层面湖处设置全日餐厅"水天阁"，三层设置酒吧"馥郁1897"。三层空间上下贯通，形成开阔的视觉通廊。

酒店的建筑体量被打散，消解成七个单体，所有单体均为2层或3层，依地势高低错落，形成群落形态，尽可能减小对湖岸的压迫，使建筑掩映于高大植株之间。建筑群组环抱水院，形成三组半围合的院落朝向湖面展开，揽湖光山色入怀。

雁栖酒店的建筑造型强调群体效果，设计通过现代材料和手法修改了传统建筑中的各个元素，并在此基础上进行必要的演化和抽象化，既传承中国建筑群落的特征，又可营造丰富的半开放院落空间，在设计语汇上强调各单体之间的统一和谐。

雁栖酒店主入口夕照

雁栖酒店精准提炼出中国元素的神韵和精髓——深灰色金属屋顶，米色石材墙面，木色格栅……酒店的屋面采用最具中国传统建筑特征的坡屋顶造型，但并不是简单的折线"∧"形，而是按照传统建筑屋顶上屋脊、吻兽的形式予以简化、安装而成，可谓"形神兼备"。镂空金属格栅好似传统建筑的窗棂，抑或窗花，以折线方式铺陈开，使人不自觉又会联想到纸扇，典雅隽永。伫立酒店入口西眺，喷泉溢水的波光粼粼，衬托日薄西山的余晖落落，远山近水顾盼生辉。水景与东侧水院相呼应，似雁栖湖水川流而出，生生不息。

雁栖酒店景观小品

入口大堂正立面，采用折面穿孔铝板格栅，所有中式窗花图案都是冲压而成，在纯净简洁的玻璃幕墙上投射出丰富的倒影，唤醒人们对于传统建筑美的回忆，同时增加室内层次感；与之呼应，主入口两侧的纯玻璃体顶部，也用丝网印刷玻璃，将中式窗花图案渗透其中，强化入口的整体装饰感。

暮色下的雁栖酒店一隅

坐庭望湖，本已是极好的景观；"水"能与"山"共生，似乎更与雁栖湖的环境契合。于是在东侧庭院、酒店正对湖景一侧，精心营造了一组微缩山石景观，采用中式传统景石造景手法，实现山有尽而意无穷的意境。

居山水之间，搭配一餐美食、一壶清茗，远可观日出东方在雁栖湖的倒影清澈，近可揽青山入怀听水流涓涓，远水近山相映成趣。

雁栖酒店中式微雕山石

02 在山水画卷中惬意栖居

酒店室内设计融入山水画的意境,各空间犹如中国传统水墨书画的笔触,灵动而又有章法,色彩的运用则在不经意间流露出静谧与雅致。在这里,既有传统文化的精髓,又融入现代的构思,加上旖旎的山水景色,构建出独特而又不可替代的精品酒店。

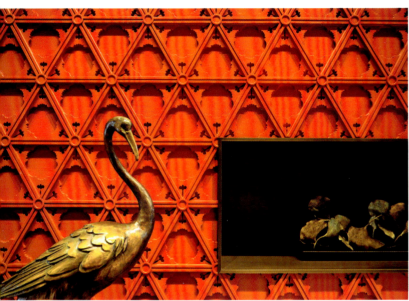

休息区细节

地面拼花

祥云柱饰

门饰

2. 海晏厅

雁栖酒店的大宴会厅"海晏厅"在酒店二层西北角,临近国际会议中心。海晏厅的位置相对高且独立,近可观会议中心,远可眺古长城。周围草坪漫布,松柏点缀其间,环境优美。

巧妙的设计构思与精湛的施工工艺,使海晏厅呈现出一幅雄壮恢宏的"中国气场",为整个雁栖酒店添加了最为浓墨重彩的一笔。

海晏厅

推开高大沉稳的雕花门进入海晏厅,便可看到暗红色墙面映衬下的铜屏风,中国红色的精美手工地毯,以及南侧墙面上宽10米、高5.2米气势磅礴的以花鸟田园为主题的大型国画作品《和风清远》。同时,西、北两侧的全景玻璃幕墙,很好地将室外美景引入室内。这一切,都为海晏厅的活动提供了轻松闲适的氛围。

海晏厅木雕大门
海晏厅顶棚藻井与彩绘浮雕造型

海晏厅内部,工艺复杂精致的石雕花梁与木质藻井顶棚完美结合。中央藻井的圆形图案为夔凤牡丹,外围同样采用牡丹图案,通过中国传统沥粉贴金工艺,为整体空间画龙点睛。

（左）海晏厅木雕大门细节

（右）海晏厅镂空铜质花格

海晏厅地毯细节

光导纤维照明

雁栖酒店宴会厅屋顶安装了光纤仪收集阳光，经石英光导纤维传送至海晏厅。这样，在自然光充足时，就可代替屋顶周圈的筒灯，是节能环保的新技术。同时，光纤仪的追日系统与石英光纤的拉制技术均为国产自有技术，并且处于世界先进水平。

室外光纤仪（配置追日系统）

全日餐厅"天水阁"

3. 天水阁

雁栖酒店一层的全日餐厅"天水阁",使餐饮休闲空间近岸亲水。在暖春、初夏和秋高气爽的季节,庭院平台与室内连为一体,使人置身于一种与大雁同舞、与月共眠的情境中。

全日餐厅"天水阁"

酒店通过大堂吧,凭栏眺望,映入眼帘的是豁然开朗的三层通高的全日餐厅"天水阁"和庭院中水天一色的浪漫与悠闲。

天水阁可容纳198人用餐,四周的玻璃幕墙好似一个个画框,将室外的山水景色引入室内,形成一幅幅流动的山水画。客人在自助餐台取餐后,迎面而来的是3层通高的全湖景就餐区域,构成了"先抑后扬"的空间节奏。室内棋格元素的运用,将中国"琴棋书画"四艺之一的围棋在设计中体现出来。围棋蕴含着汉民族文化的丰富内涵,是中国文化与文明的体现,代表了汉文化的智慧与思辨。用色方面,采用深浅黑白对比的色调,局部运用灰色作为过渡,给整体的色彩氛围营造出优雅稳重的感觉。金色代表着日升,绿色代表着日落,在全日餐厅,每时每刻都在演奏光与影的和谐旋律,让客人在就餐的同时也感受到了自然界的神奇变换。

4. 中餐厅

中餐厅从中国古典园林及宫廷建筑中提炼精华,依托对称与次序、和谐与平衡的空间秩序和设计理念来进行演绎。以传统品茶文化为主题元素,深浅对比强烈的饰面融入每一个空间,反映出阴阳和谐并置的哲学,同时也映射出中国文化中喜欢和朋友家人齐聚一堂的传统文化。

中餐厅服务区

中餐厅室内

中餐厅包间室内

中餐厅包间内依然贯穿雁栖湖周围的自然风景,从地板、墙面延伸到顶棚,带出一种"天地合一"的感觉。包间内的地毯采用天然黄麻织成,低调但又细致,并衬托着窗外的自然风景。稳重端庄的太师椅置于房中,反映出中国传统工艺的传承,创造出一个静怡舒适的餐饮空间。

(下)酒吧"馥郁1897"

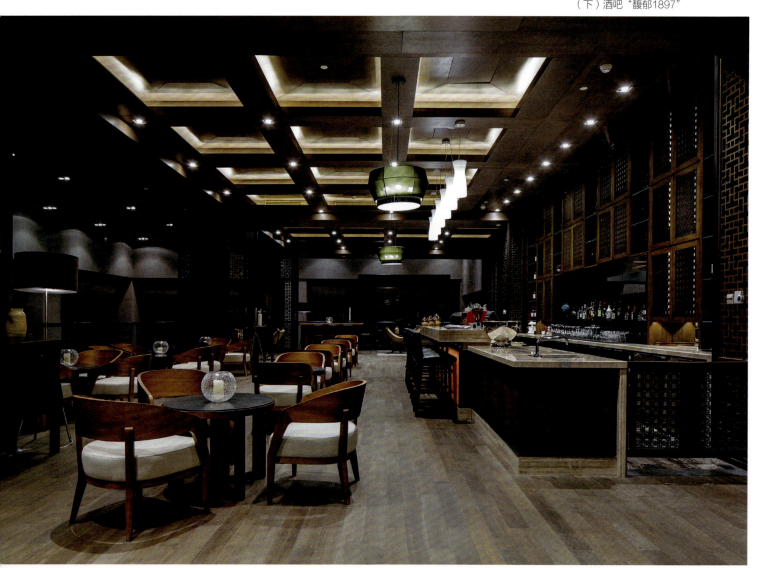

餐厨垃圾处理

雁栖岛采取餐厨垃圾减量化处理，垃圾减量化达90%。减量化剩余物可作为饲料使用，厨房隔油器油脂回收后可制成生物柴油，真正地实现了餐厨垃圾利用率100%，而且所有餐厨垃圾处理设备都由中国自主研发制造。

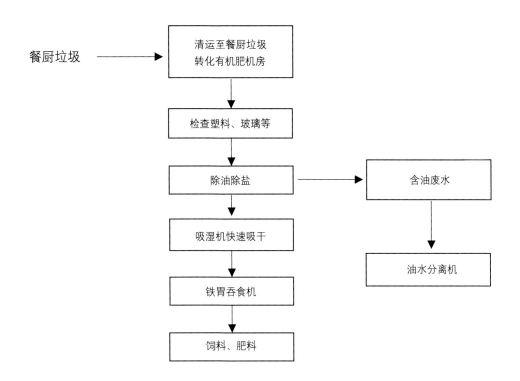

餐厨垃圾处理工艺流程

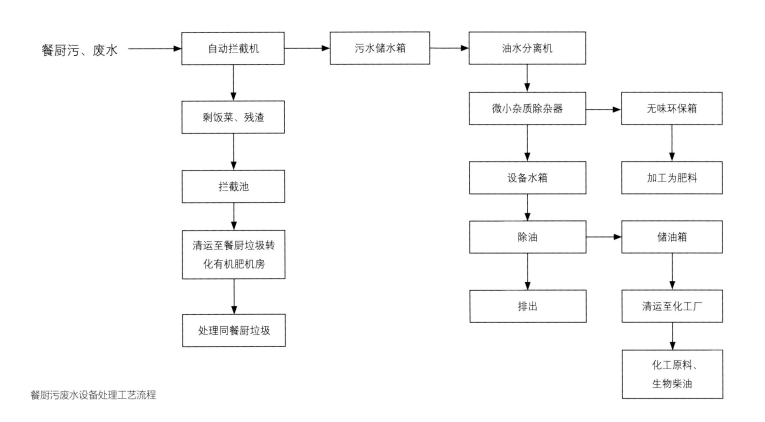

餐厨污废水设备处理工艺流程

5. 商务中心和会议室

商务中心和会议室的室内设计，是现代科学技术的运用和传统元素的质感结合，诠释着现代商务人士的品位。

商务中心
商务中心，为宾客带来一整天舒适的办公环境。

会议室
会议室中天然的材质、清净淡雅的水墨画，使会议室成为一种思想的空间。朴素、自然、和谐、精练，透露出自然的和谐。

6. 水疗、泳池区

水疗、泳池区毗邻自然山水，得天地之精华，化灵秀之风貌，强调以自然、休闲作为空间氛围的主要基调。在简约留白的空间里，营造出一种心灵与自然完美应答之境。

水疗室服务区细节

水疗室

水疗室内使用了大量天然木材与石材，为空间奠定了自然内敛的基调，并且延续室内外空间相互渗透的理念，多处运用木格栅造型创造一种室内外半开放式的空间关系。各个空间中定制的木结构吊顶，以及富有诗意的艺术品为空间增添了观赏性。只有在这样的环境里，负重的灵魂才能得以松弛和解脱，才能让精神空间和物理空间相互融合，体验自然的质朴，又有隐含的尊贵。

7. 客房区

酒店二层、三层的南北两翼是客房区。雁栖酒店利用岛东岸的"U"形水湾，以单元组合方式，合院朝向湖面展开，所有客房均有良好的湖面景观，同时又保有一定私密性。客房部分搭配室外露台或观景阳台，可谓内拥水庭、外揽镜湖，西、北两面则远山环绕。

客房区走廊

宾客来到客房走廊，可以沿路欣赏水墨山水画、中庭叠山以及顶棚悬吊的金属鹤艺术品。走廊本身就是一处艺术廊，宾客行走其间，仿佛身处远离喧嚣城市生活的世外桃源。

湖景套房卧室

客房卧室中，背景墙整面的抽象写意山水，与落地大玻璃窗外碧波荡漾的湖景相互辉映、融为一体。艺术画灵动且极具韵律的水墨表现形式在一个原本平和的室内空间中，使人焕发出一种对大自然的敬畏感。卧房中的地毯低调而又精致，与山水壁画相映成趣。

客房休息区
现代中式风格的家具和独具匠心的装饰品淋漓尽致地传达出独到的空间风格。

总统套房书房

（上）总统套房餐厅
（中）总统套房起居室
（下）总统套房卧室

陆

和而不同的贵宾酒店

雁栖岛十二栋贵宾酒店，形态各异，汲取中国丰富的地域风采和文化内涵，在建筑形态和空间设计中体现出独一无二的中国式建筑韵味，在丛林掩映中绽放光彩。

雁栖岛十二栋贵宾酒店,形态各异,汲取中国丰富的地域风采和文化内涵,在建筑形态和空间设计中体现出独一无二的中国式建筑韵味,在丛林掩映中绽放光彩。

十二栋酒店主题鲜明,构成清晰,蕴含着对传统建筑文化的不同理解与阐释:有塑造江南亲水主题的"黄鹂居",有掩映于山涧的"听泉居",有悬吊河岸的"杏林居"以及庄重典雅的"鹿鸣居"等,建筑形式丰富多彩,高雅别致。在室内设计上,对应各建筑所属的地域组团,分别采用陕西、云南和安徽等省的民俗风情元素,经现代手法重新演绎后,由内而外表达出中国多样性的地域文化。

贵宾酒店分布图

01　西南峡谷——杏林居和古藤居

杏林居和古藤居所组成的西南峡谷组团，位于雁栖岛的西南，有着中国西南传统民居悠然闲适的田园之美。

1. 杏林居

杏林居属于雁栖岛西南峡谷组团。进入雁栖岛，首先映入眼帘的就是它的身影，是雁栖岛入口处重要的标识建筑。杏林居的酒店布局取意中国西南传统民居干阑式建筑，拥有傣族民居中传统的水院空间。酒店围绕中央水院，呈错动的"品"字形布局，像风车环绕于中央水院，达到最好的赏景、通风、采光效果。

杏林居主入口

杏林居外部梯田景观

杏林居外，那一片片层层叠叠、色彩缤纷的梯田风光让人惊艳。可谓春有百花争艳，秋有茅色金黄，夏有绿意深浅，冬有错落皑皑。

　　傣族民居的晒台在这里被演绎成层层叠叠的观景平台、廊道；婆娑的竹林幻化成酒店外立面轻巧纤细、错落有致的陶饰；而傣族竹楼中深挑的屋檐、倾斜的坡屋顶，也反映在酒店屋顶造型中。

　　酒店的门廊对称布局。3层通高的大堂、竹林小憩的大堂吧，正对酒店主景中央水院。水院与大堂相接，向西层层跌落，形成入岛口连绵错落的水景观，与湖水连为一体，酒店周边密林环绕，环境幽僻安静。

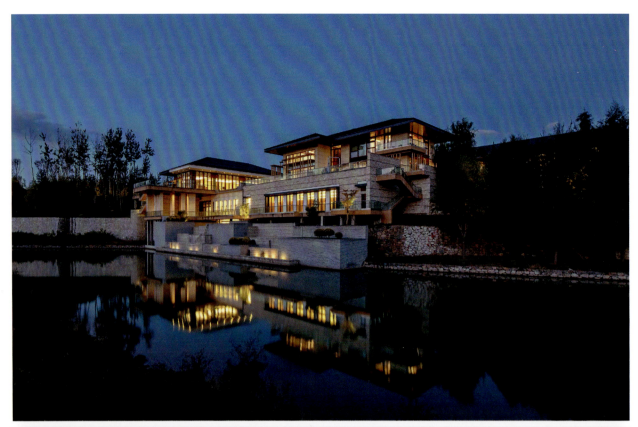

（上）杏林居
临湖夜景

（下）杏林居
主入口夜景

前有梯田地貌，后有瀑布水源。穿过酒店来到后院，则见流水倾泻入湖，水帘之后别有洞天。斜靠在藤麻编织的座椅之中，凝望屋顶水池反射出的天光云影，一壶普洱，似苦回甘，颇有置身云贵高原的恍惚之感。

杏林居大厅休息区

穿过酒店入口大厅高耸的木架结构饰品，尽端的大厅休息区装饰着由金色叶片组成的云南绣球花造型的球形吊灯，成为入口尽端的视觉中心，洋溢着浓郁的西南风情。

装饰花灯细节

杏林居宴会厅

杏林居宴会厅室内也对西南民居元素进行提炼,顶棚错落丰富的木构架造型,内凹的尖顶,凹凸不平的墙面木饰与暖色花毯,将传统民居元素演绎得极具现代感。

杏林居会见厅

杏林居贵宾套房卧室

暖色系地毯，竹林般凸起的装饰墙面，
都唤起人们对西南传统民居的印象。

杏林居贵宾套房会客区

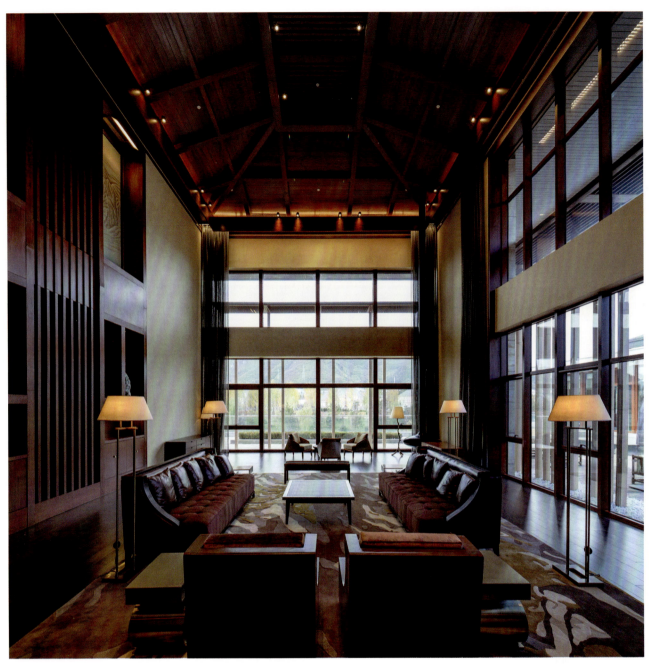

杏林居总统套房会见厅

酒店室内空间丰富,总统套房会见厅两层通高,中式"书架"的概念在空间内放大,有序排列,创造出两层通高的装饰性书柜,同样体现的是地域特色。

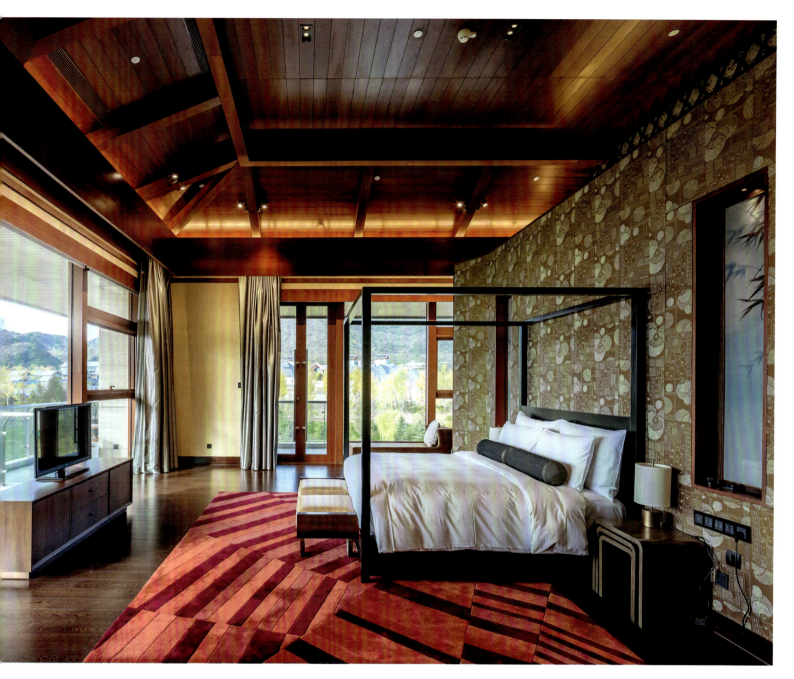

杏林居总统套房卧室

杏林居总统套房浴室

2. 古藤居

古藤居追求的是一种身心自由之境，静则禅静，动则思动，似"采菊东篱下，悠然见南山"。两处套叠的院落，张弛有度，动静相宜，既相互独立又相互联系。外廊、水岸融为一体，令人在紧张忙碌的生活中重归田园。

古藤居室内借鉴中国传统文化元素，带给贵宾一种回归自然、返璞归真的舒适体验。

古藤居主入口夜景

古藤居西侧临湖外景

古藤居内庭院

古藤居入口大厅

入口大厅采用原色木材、砂岩石材与铜等装饰材料,结合空间中摆放中国特色藏品的博古架、纹饰精美的火炉、木雕屏风及玉佩等装饰品,营造出精致、儒雅而古色古香的空间氛围。

(左)花鸟壁纸
(右)门饰

古藤居总统套房家庭厅
总统套房区的原木色弧形顶棚、手工编织的天然麻地毯和毛面大理石壁炉，一切都是纯自然触感；细腻的家具和艺术品陈设，使室内整体精致中不乏粗犷。

古藤居总统卧室

古藤居总统夫人卧室

02　西北山地——翠柳居和枫叶居

　　翠柳居和枫叶居所组成的西北山地组团，位于雁栖岛的西北角，有着雄浑壮阔之美，如同西北戈壁滩的宽广和黄河水的气势。

翠柳居外景

1. 翠柳居

翠柳居位于雁栖岛西北，拥有西北山地的建筑风格。西北，总让人想到秦腔、陕北民歌和油泼辣子的豪爽。西北民居的种类非常多，翠柳居选择其特有的"聚落"空间形态，采取自由生长的布局方式，表达对传统"村落"的追忆。建筑以自由流动、高低错落、不规则的空间组织酒店的功能，给人全新的度假体验。

翠柳居外庭院
西北民居中高低错落的坡屋顶，酒店用起伏跌宕的单坡金属屋面对其加以表达。传统砌筑工艺有"磨砖对缝"，酒店用深灰色花岗石密缝干挂。

翠柳居主入口砖雕与木格栅

传统民居的装饰砖雕与花窗棂，画龙点睛地用在酒店主、次入口位置。

翠柳居主入口夜景

翠柳居内庭院
中心院落空间自然形成移步换景的"中式园林",同时体现"村落"空间向心的凝聚力量。

翠柳居内庭院夜景

院落围合，树影婆娑。穿过西北村落般错落相接的走廊，来到聚落的中心庭院。院中休憩平台中央设有火盆，四周木椅环绕，让人不禁联想到火光暖暖、围炉夜话的情景。水池花影、大树遮蔽，似村头的闲话家常，亲切而美好。

翠柳居的室内采用温暖的红色基调,每个空间均被赋予了一种蓬勃的热情。室内的青砖墙、朱漆柱、西北民居剪纸、青铜编钟艺术品,加上恢宏的书法作品、玛瑙玉浮雕、银色陶瓷鼓凳……处处点缀着中国西北地域厚重的文化与民俗。

(上)翠柳居宴会厅前厅

室内空间的多维度变化,给人以非同寻常的体验。地面铺贴的斜拼长条形灰色大理石低调典雅,令人有宾至如归的亲切感。

(下)翠柳居装饰花灯细节

翠柳居游泳池

（左）翠柳居客房衣柜漆画细节

（右）翠柳居民俗装饰设计细节

2. 枫叶居

枫叶居所处地形非常复杂，原始地形坡度大。酒店利用倚山而建的"山居"和滨水而造的"水舍"，通过庭院与廊道、露台与小径，打造宁静而闲适的景观。建筑采用高原的黄土色调，屋顶采用镂空装饰，演绎西北民居的特色。

枫叶居

枫叶居临水景观

枫叶居主入口夜景

枫叶居外景

枫叶居坡地景观

枫叶居屋面景观平台

枫叶居室内表现的是雁栖湖山水相连的曼妙之美。山因水而壮阔，水因山而柔媚，自然的材质、鲜明的用色和写意的线条将"山水之趣"的主题表现得淋漓尽致。室内空间结合建筑的坡屋顶造型，以简洁、干练的手法，通过大尺度、多维度的变化，带给人丰富的空间体验。

枫叶居大厅局部

（下）枫叶居入口大厅

公共区采用未加雕饰的石料、粗犷的板岩和原木家具，配以枯藤饰品和地面的波纹图案，刚柔并济，象征着山的俊秀、水的柔美。

中国西北自然地貌的粗犷和民风的纯朴，被意化到室内。从大堂到走廊，从泳池到浴室，墙面自然的石材加上简明的几何线条，使枫叶居通过这样的方式让人感知西北的地域特色。

（左）枫叶居游泳池
（下）枫叶居总统套房会客区

03　东北密林——得月居和听泉居

得月居和听泉居所组成的东北密林组团，位于雁栖岛东北角，有着随山势地形而展开的庄重沉稳之美。

1. 得月居

得月居位于雁栖岛东北角，地形陡峭，建筑依山势而建，"L"形的建筑好似塞外厚重城墙的形态，坐山观湖。

自古，城墙便有重要的关塞意义。中国长城、北京城墙，总是给人封闭与隔绝之感。得月居用现代材料"铝板"，将传统图案"回"形纹进行扩展，旧时代封闭的"墙"成为现代工业化技术下的开放性"墙"，进而隐喻中国的开放自信，与世界的互通互融，体现文化强国的包容大度。

得月居西侧外景

得月居主入口

得月居外墙细节

室内设计将传统"回"形纹,由室外沿用至室内墙面,内外风格浑然一体,和谐统一。

会见厅顶棚以类似雕刻的装饰手法演绎传统"九宫格",中央的水晶吊灯在形体上采用中式"祥云"的形态,墙面装饰立体造型的传统园林山水剪影,应和窗外的青山碧水,和谐共融。

得月居会见厅

得月居总统套房起居厅

得月居一层休息区

得月居休息区

得月居小剧场

2. 听泉居

听泉居位于雁栖岛东向坡地,得月居以南。场地东低西高,建筑随形就势展开,形成层层的叠台——赏景露台。皓月当空凭栏远眺,湖光美景尽收眼底。"U"形的建筑布局,两组院落空间,庭院跌水与湖水相契合,是中式空间通过现代手法的完美体现。

听泉居室内从中国传统建筑的亭台楼阁中汲取灵感,利用现代装饰手法重新对室内空间进行演绎。

听泉居主入口夜景

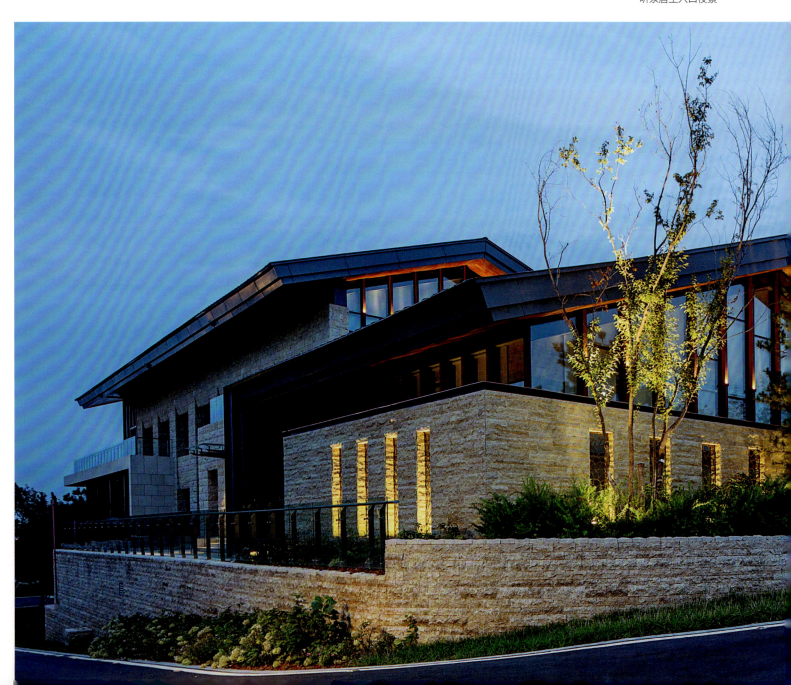

听泉居临湖外景

听泉居庭院夜景

听泉居庭院夜景

穿过听泉居的大厅，来到位于酒店中心的露天庭院，忽现别有洞天的景致。松石斜倚、翠竹挺立，重重似画的叠景，步移景异的石板路蜿蜒至水中央的临水茶室。若独坐其间，定能细细感受这曲折静谧之下参禅问道的休养之境。

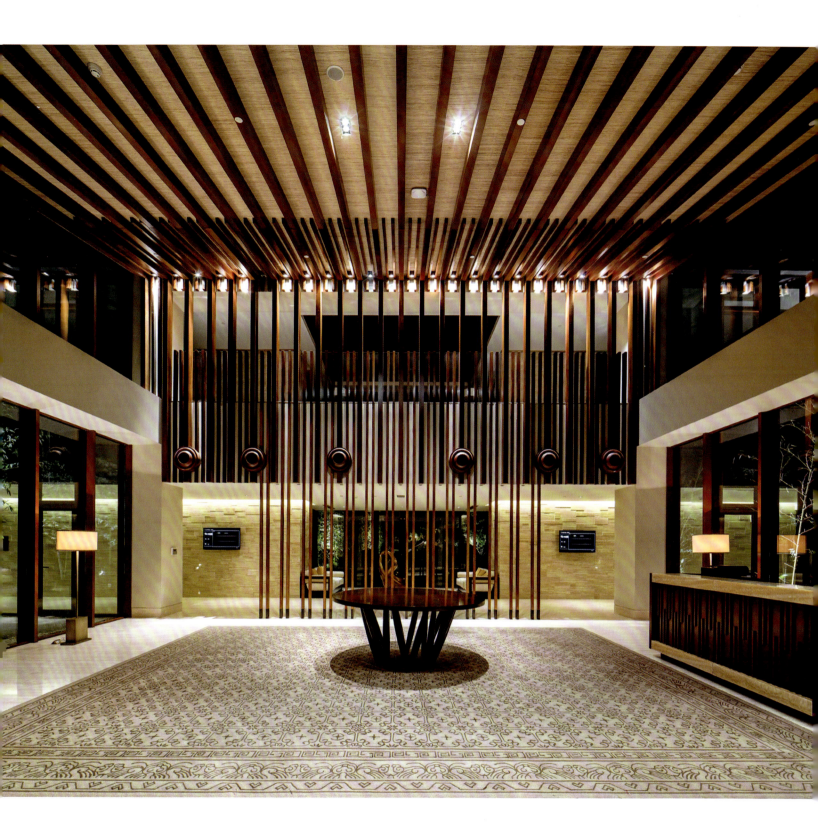

听泉居入口大厅

将简约的木梁以并行交错的排布方式从墙面延伸到顶棚。传统元素与艺术表现形式完美结合,营造出一种雅致而振奋人心的韵律美。

听泉居会见厅

户外美景通过玻璃窗透入室内,成为多个空间环境的组成部分,如一幅让人眷恋而宁静悠远的山居生活图卷,贵宾在惬意的时光中听蝉鸣,赏美景。

听泉居总统套房卧室

听泉居总统套房起居厅

听泉居总统套房书房

听泉居总统套房卫生间

听泉居游泳池

听泉居游泳池细节

04　华北尊崇——鹿鸣居

　　鹿鸣居是华北尊崇组团的唯一一栋贵宾酒店，位于雁栖岛东侧，有着恢宏壮阔的气势，还有与它所在位置相匹配的尊贵之美。

　　"皇宅有故宫，民宅看乔家"。鹿鸣居汲取故宫午门的环抱态势，体现了北方宫殿般的威严雄伟。同时借鉴乔家大院的"囍"字形布局手法，力求风水学上"大吉大利"之意。建筑气势磅礴，细节丰富。

鹿鸣居西侧外景

在我国，传统重要建筑对歇山屋顶山花板部分往往都施以装饰，满布用金线和绶带组成的纹饰，象征着富贵吉祥，传达着中国人对未来的美好憧憬。鹿鸣居的屋顶即仿造故宫的纹饰进行设计，红色底子上用单一的金色，在阳光照耀下，辉映出了建筑金碧辉煌的装饰特征。

鹿鸣居外廊

鹿鸣居东侧局部外景

酒店采用围合形态，其内庭院与建筑的古典大气一脉相承，规矩端庄。

鹿鸣居西侧的庭院与内庭院相配，理出一园中式美景，并配有景墙和漏窗。在鹿鸣居外闲庭信步，透过六棱花窗便可见繁复精致的深深庭院。自古名园无不极尽叠山理水之能事，这里亦不例外。

鹿鸣居内庭院

鹿鸣居西侧庭院夜景

荷风四面的亭阁、蜿蜒曲折的水岸、苍劲有力的虬枝、嶙峋有致的怪石，孤岛景树则茕茕孑立，斜风细雨则漫天花雨，无处不体现中式古典园林的婉约柔美与含蓄隐晦。

在设计上，鹿鸣居注重通过大体量造就尊贵感。层层叠叠的屋面营造出古代皇城宫阙的重重意象，气势显赫。建筑在中式风格的塑造上，采用了歇山屋顶等较大手笔的做法。

此外，鹿鸣居在多处细节上都适度运用了中国元素：金箔山花、朱红柱列、白玉栏杆、青石台阶、紫铜窗花、翠绿松竹……对中国元素系统而有节制的搭配组合，形成怡人的近人尺度感受，将汉唐风范重现于贵宾面前。

鹿鸣居室内亦由"囍"而生，平面对称布局，以龙凤为题，营造出平衡和谐之感，寓意龙凤呈祥。

鹿鸣居露台与内庭院

鹿鸣居二层活动平台

鹿鸣居下沉庭院

鹿鸣居北侧入口大厅
室内采用中国传统建筑的木梁架构，通过家具、陈设的色彩区分空间，金色和灰色的搭配，体现尊贵；金色和银色的对比，辅以刺绣陈设，隐喻端秀婉约。

鹿鸣居会见厅
会见厅以传统木构和立柱划分和装饰空间，家具与陈设简洁庄重，人所触及的地方由丝质地毯、中式回纹柔包和麂皮等柔性材质覆盖，细节设计考究。干练典雅的软装和传统的木梁架构相得益彰，古朴中透着时尚的气息。

鹿鸣居总统套房起居室

鹿鸣居总统套房卫生间

05　江南水乡——黄鹂居、水乡居和松风居

　　黄鹂居、水乡居和松风居组成江南水乡组团，位于雁栖岛南部，有着临水而居的江南意趣。

1. 黄鹂居

黄鹂居作为全岛最大的贵宾酒店,对传统封闭的"四合院"形态加以变换,演化出中心内庭院和四个开放庭院。因临水而建,酒店出挑于湖面之上,湖水水位变化时,黄鹂居便好似漂浮在水上,水天一色,意境悠远。

(左)江南水乡组团鸟瞰
(下)黄鹂居

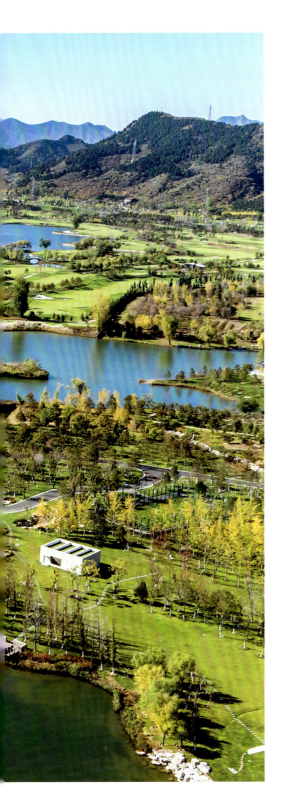

黄鹂居主入口

（上）黄鹂居礼仪廊道

主入口空间的礼仪廊道，由木饰面与钢结构形成材质对比，实与虚造就的光影层次，雁栖塔恰成为其独特别致的对景。

（下）黄鹂居观日出

临水露台空间，可见湖水粼粼，亦可远观日出东方酒店。

黄鹂居内庭院

开放庭院

黄鹂居远眺雁栖湖

黄鹂居的室内设计从传统庭院中获得灵感，将自然元素土、水、风、光引入，并与室内设计结合，从本质上提升了室内环境的价值，同时将传统元素进行创新，演绎出新的美学。

黄鹂居入口大厅

黄鹂居宴会厅

黄鹂居会议室

黄鹂居总统套房卧室

黄鹂居总统套房卫生间

黄鹂居总统套房起居室

(上)黄鹂居游泳池
(下)黄鹂居泳池观景休息区

2. 水乡居

水乡居着力表现中国江南水乡的建筑特点，对院落空间进行了多重诠释。两个内院由建筑围合，纯净的白墙、深色檐口勾勒出建筑的轮廓。建筑由镂空院墙围合，镂空图案是活泼灵动的"冰裂纹"，它令园林中的"透"与"漏"、"内敛"与"开放"得以平衡。围墙采用3D打印技术，将废弃建筑材料回收利用，这是对生态环保技术的新尝试。

（上）水乡居临水外景

（左）雁栖湖远眺水乡居

（下）水乡居主入口

水乡居主入口冰裂纹景墙

水乡居主入口近景

水乡居的3D打印围墙

水乡居取意江南水乡，其外围曲线优美的冰裂纹镂空院墙，独具江南的秀美意韵，成为水乡居一大亮点。

但因为图案不规则，且墙体镂空过多，常规砖石砌筑或混凝土浇筑均无法实现墙体的造型；钢或铝材焊接拼装的方式，又会因为材料交点、焊点过多，使得美观度难以保证。最终"3D打印"技术的应用解决了难题。勇敢尝试的背后，是大量坚实可靠的论证数据。建设过程中，不仅多轮核算材料加工与实施安装的可靠性，还委托实验室做了若干实验，在对此项新技术充分考量之后最终践行了"3D打印"在建筑工程领域的应用。水乡居优美的冰裂镂空围墙像模型般，按1:1的比例打印出来，完美实现了设计意图，为雁栖岛又增添了一道亮丽的风景。

水乡居3D打印围墙

水乡居3D打印围墙细节

水乡居室内延续江南水乡建筑的清爽和简洁，曲线优美的实木造型和"冰裂纹"镂空图案、淡雅的墙面垂柳彩绘，搭配墙与地的白灰色调，令清新雅致随处可见。艺术品用丝质水墨画，写意的枯笔与挥洒的泼墨相得益彰。中式传统的室内盆景和自然风化的古树化石，也为室内空间增添了几分别样的意趣。

水乡居宴会厅

水乡居会见厅

（左上）水乡居总统套房卧室
（左中）水乡居总统套房卫生间
（左下）水乡居游泳池

水乡居庭院夜景

3. 松风居

松风居,位于雁栖岛南部,南部地区地势低洼,缀花草坪柔美清新,水岸线蜿蜒曲折,尽显水乡泽国韵味。圆与方的空间组合,契合"天圆地方"的朴素理念,并自然形成多进院落。玻璃回廊、弧形过厅、圆形起居室……丰富的空间形态,不仅可以吸纳更多自然美景,也让建筑有了更为丰富的表情。

松风居主入口

（左）松风居鸟瞰

雁栖湖上的松风居

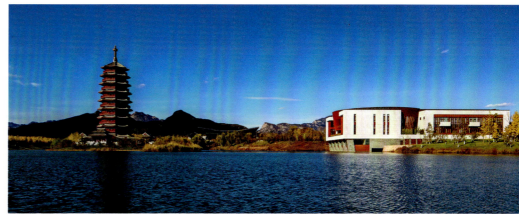

雁栖湖上的松风居

松风居入口大厅

松风居室内简约的室内陈设，运用简洁的线条、坚硬的外表、精妙的色系、多样的纹理，再加上温暖的大地色调，构建出一个与中国古典艺术相通的殿堂。

松风居宴会厅

松风居接见厅

松风居会议室

松风居小剧场

走进酒店中庭,江南园林的细腻雅致映入眼帘。太湖石的瘦漏皱透,小红枫的明艳鲜活,石板路的弯折迂回,造型松的虬枝接地,无不小巧玲珑而又韵味十足。

(上)松风居内庭院
(下)松风居庭院夜景

06　雁栖之巅——澹云居和稻香居

　　澹云居和稻香居地处雁栖岛最北端的制高点，视野范围宽广。酒店沿雁栖岛的纵向轴线分东西而设，地理位置独一无二。澹云居的流线型木饰面屋顶与稻香居硬朗的折线型金属屋架，似端庄柔美与果敢刚毅的两种性格对比。

澹云居

1. 澹云居

澹云居位于雁栖岛地势最高的北侧，依山就势，四面出挑，尽量减少占用土地。酒店为"中"字布局，中间"丨"贯穿入口接待厅、会见厅和宴会厅，是酒店接待的礼仪主轴，形成"三厅两院"的格局。空间有内外，节奏有抑扬，脚步的终点是宴会厅外的大露台。伫立露台，背倚梭形木柱，远可眺北山和长城，近可观飞鸟与游鱼。

澹云居的庭院也呈端庄规矩的格局，对称而设，相似又相异。南北东西有四处院落，各自有主题，不同于印象中传统民居的"四合院"。起伏的礼仪中轴，以曲线"卷棚"屋顶呈现，既强调空间节奏，也是对周边山峦的呼应。东西两个庭院有着完全相同的格局，但一个以静水倒映丁香花影，名曰"水园"；一个以青草衬托丁香素雅，名曰"绿园"。静坐其间，香风徐来，景致相异而惬意相同。

澹云居室内在尊重传统的基础上，采用多元化的手段，演绎并创造出震撼的空间效果。

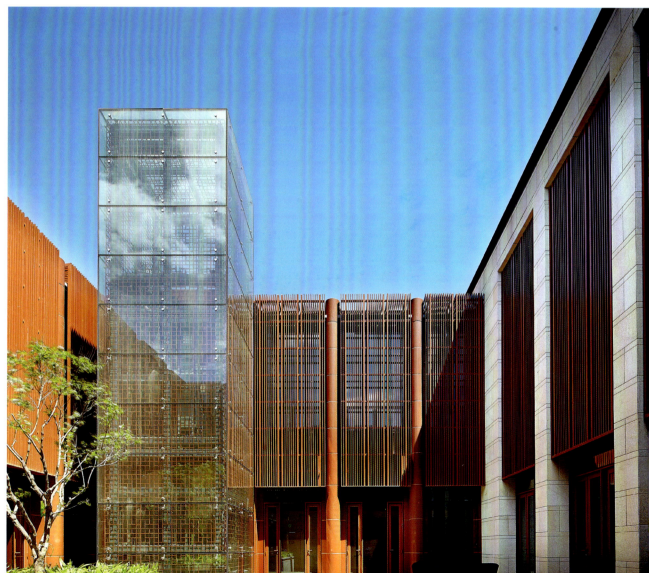

澹云居装饰格栅与观光电梯

云居内庭院"水院"

澹云居入口大厅

入口大厅以抽象化的表现手法,在顶棚上用金属铜丝网构建了一个模拟祥云的装饰艺术品。

沧云居宴会厅

沧云居会客厅

会客厅以"龙的传人"为设计理念，创造出以"龙"为题的不规则巨型灯光艺术品。由900余根3.3米到6.5米高度不等的光纤，下部装设1.8米高的梅花形玻璃管组合而成，总重量达2300千克，形似盘龙，流光溢彩，极具视觉震撼力。

沧云居会客厅吊灯

天居贵宾套房卧室

天居休息区

澹云居总统套房起居室

2. 稻香居

　　象棋承载了悠久的历史文化,方寸之间,兵马相见。稻香居以象棋和棋盘为设计的出发点,传达出传统文化的博大和智慧。建筑为三合院的格局,4.5米×4.5米的标准网格既是建造模数,也是对棋盘网格的隐喻。

稻香居

稻香居内庭院
金属构件形成的坡屋顶，从入口一直延伸到庭院，形成丰富的光影效果。

稻香居观景平台

"沉静之美"是稻香居的室内主题，方格棋盘造型也由室外延伸至室内，从顶棚造型到地面拼花；独特的金属折角水晶玻璃LED灯，由传统纹样演化而生。

稻香居会见厅

稻香居入口大厅

统一的色调、简洁的线条和自[然]的肌理创造出宁静祥和的空间，置身其中如同与自然融为一体。

稻香居宴会厅

（左上）稻香居走廊
（左下）稻香居总统套房会客厅

稻香居总统套房卧室

客房内,柔和中性的软装饰搭配暖色的木材质,白色的大床仿若鸿毛,悬浮于一方如茵的地毯和米色石材之上。

（左）稻香居游泳池
（右）稻香居总统套房休息区

第一篇
雁栖概览

第二篇
聘问之礼

第三篇
栖居之所

第四篇
风景之致

风景之致

第四篇

这是大雁栖息的地方。地北倚军都山、西偎红螺山，连绵有致的山脉，温柔地俯瞰着镶嵌着像妆着嫁衣、静谧的雁栖湖水。逶迤着山上郁郁葱葱、长势茂盛木，用清澈透明的蓝色与生机勃勃的绿色，描绘着这一隅土地的主色调。

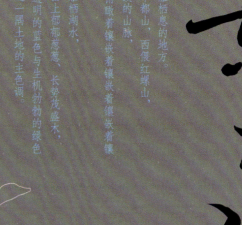

古韵点睛——雁栖塔

雁栖塔坐落在雁栖湖中,塔体瘦长、玲珑挺拔,背景为连绵起伏的燕山山脉和古长城,在远山近水古城墙的映衬下,愈发显得古意悠然。

雁栖塔坐落在雁栖湖中，塔体瘦长、玲珑挺拔，背景为连绵起伏的燕山山脉和古长城，在远山近水古城墙的映衬下，愈发显得古意悠然。遥望雁栖塔，可怀想起古都北京沉甸甸的历史。雁栖塔细部处理细腻，瑰丽华美，整组建筑高低错落，空间层次丰富，为雁栖岛的美丽天际线画上了最出彩的一笔。

雁栖塔

01 湖光塔影

　　雁栖塔位于雁栖岛的西南端，主要由塔和塔院两部分组成。登临雁栖塔，便来到可俯瞰全岛的制高点，周边的湖光山色一览无余。雁栖塔为宋代楼阁式塔，同时是雁栖岛最纯粹的传统文化载体，它净高79.37米，建筑面积达3000平方米。

　　中国古代文化重视阴阳的观念。中国古塔的层数均为阳数，即单数。"九"是阳数里面最大的数字，雁栖塔定为九层，其规格符合它的身份。中国古塔的边数均为阴数，即双数。雁栖塔的平面定为正八边形，为八边形的塔身，面的转折较多但不过分。塔的形体丰富，整体性强。

北侧远观雁栖塔

雁栖塔的结构形式是钢筋混凝土框架—核心筒结构，里面布置有消防电梯、防烟楼梯等设施。而外部的装饰构件，如附墙柱、斗栱、椽子、栏杆、木串、额枋等采用木构件，采用古制设计、古法施工。外观整体展现出的是宋代木结构古塔的形象。

雁栖塔的塔院北、西、南、东有碑亭和山门环绕，各门间以游廊相连。漫步其中，开敞通透。白色的石狮、石栏杆与石灯交错排布，映衬在雁栖塔的红色彩绘下，色调明快。院外四时美景不同，听风摇铃舞，一幅全景山水长卷徐徐展开。

（左上）雁栖塔鸟瞰

（右上）塔院
单层塔院水平舒展，九层古塔挺拔高耸，二者反差强烈，震撼人心。

（右下）塔院外廊
除正北方外，其他三个方位为山门。南门是正门，采用重檐歇山顶。

（左下）塔院内侧观碑亭
雁栖塔北侧道路与岛内相通，故置碑亭在正北方位。

雁栖塔的顶部为塔刹。塔刹上部高13.27米；下部为须弥座，高1.7米。塔刹总高为14.97米，由黄铜铸就，比例优美；覆钵、相轮、华盖、宝瓶一应俱全，造型丰富，做工精细……每一处细节都经过精心推敲。塔刹以八条铜链与雁栖塔屋顶的八个翼角相连，组成了雁栖塔的华美顶部，呈现出美轮美奂的宋式古塔。

雁栖塔各层平面由下向上逐层缩小，各层的室内空间既是游客停留的场所，也可以作为展览空间使用，根据国际会议中心举办的不同会议的主题，展示相关的文化产品。

雁栖塔首层的塔壁外侧设置有副阶，即围廊，其外侧为平台。

雁栖塔二至九层塔壁外侧均设有平座，可作观景平台。由此远望，雁栖湖景区和远处连绵起伏的燕山山脉的美丽风光一览无余。

雁栖塔首层
雁栖塔首层的室内空间最为宽敞，第九层的室内空间最为狭小。

铺首造型

门扉上的环形饰物铜铺首,雕刻着口衔铜环的兽面纹,有驱邪之寓意,精美的做工中透露出威武。

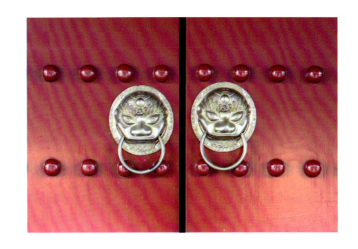

柱头石狮

副阶外侧平台边沿设置汉白玉栏杆,每根栏杆的望柱顶部均蹲坐一座石狮,其形态各异,玲珑威武。

细微之处见精神，雁栖塔的与众不同体现在对每处细节的精心处理上。雁栖塔造型中充满了各种优美曲线。柱子为带收分的梭形柱，阑额、由额是双向收分，檐口为平缓舒展的大曲线。古塔整体更讲求收分，将塔体各层外边沿连线，会是一条充满张力的曲线，挺拔向上、蓬勃有力。建筑彩画采用宋式解绿装，柱子的绿色被调为中国红。每层地面铺陈的御窑金砖质地坚细，敲之铿然有声。

（左）雁栖塔彩绘

（右）雁栖塔外廊彩绘

（左）石狮细部

（右）雁栖塔风铎
雁栖塔各层的八个翼角下均悬挂有风铎，即铜铃。风起时叮当作响，颇有古风。

雁栖塔夜景

入夜后,投光灯勾勒出雁栖塔每层的轮廓,低色温光源温馨柔和,体现八面塔身的转折的同时,突出雁栖塔作为全岛最高建筑物的标志性。夜色中的雁栖塔尤其显得古香古色。

02　雁栖诗书

　　传统建筑不仅讲求造型优美，更要求有画龙点睛的人文情怀。匾额楹联可表达人们的感悟，意境深远、礼义深邃，有载道言志的作用，这是中国传统建筑独有的艺术特色。

　　至雁栖塔北侧碑亭，抬眼即可看到题写"春和景明"的匾额，两侧楹联为"风翻白浪花千片，雁点青天字一行"。碑亭内正中置汉白玉石碑一块，正面书写"雁栖塔"三个大字，背面书写《雁栖赋》全文。

雁栖塔夜景

从北侧看雁栖塔碑亭

北侧碑亭，匾额题写"春和景明"，两侧配楹联为"风翻白浪花千片，雁点青天字一行"。这是习近平主席引自唐白居易《江楼晚眺，景物鲜奇，吟玩成篇，寄水部张员外》中的诗句。在2014年11月11日APEC峰会当天，习近平主席借由此诗句向各国领导人描述了雁栖湖如画的风景。

《雁栖赋》全文

大哉北京,神州天府。开万古文明之先河,立百代人伦之极则。华夏之京都,人天之灵瑞也。

京城直北,别有仙区。天设地造,曰雁栖湖。军都雄峰耸其后,长城古塞环其间。西接八陉之英气,东拥沧海之波澜。地灵人杰,大美无垠。三面山岚奇彩,一湖碧水天光。华舟动而清歌起,月影移而舞袖长。杂花生树,绿草如茵。山泉汩汩而流玉,鸣禽恰恰而闹春。放眼京畿成独胜,岚光呼吸水清酣。此则雁湖之大观也。

夫有盛德大业者,必营建华台伟厦,以广其福泽,壮其威仪,垂范万方而推动文明之进步。新中国成立至今,筚路蓝缕,六十余载。改革开放以来,经济腾飞,生民康泰。为张现大国之雄风,宏扬中华之文化,促进世界之和谐发展。遂择胜地于雁湖,征英才于四海。聚珍宝于五洲,圆梦想于当代,乃营建世界极品之园林会馆,以为亚太经合会之献礼。此诚太平之盛典,空前之壮举也。

湖山之走势,生态之气场。山水之融结,宝塔之位方。湖垣佳景兮,杨柳楼台。杂花缤纷兮,石绣青苔。生机满眼兮,鱼跃莺飞。万象欣欣兮,日月流辉。人间之乐土兮,五洲之奇迹。中华之新貌兮,神奇谁比。龙飞宝塔兮,雄峙南山。巅峰建筑兮,华夏灵光。人间奇迹兮,百世其昌。文明中国梦,历史之责任,民族之福祉,宽厚豁达,包容世界。

我歌我赋兮,赞颂休明,鸿图大展兮,福德无穷。

雁栖塔的一、三、六、九层,北、西、南、东四个方位,均题书匾额和楹联抱对;塔院的北侧碑亭和南门的内、外两侧,以及东、西山门的外侧也同样题书匾额和楹联。石碑、匾额和楹联抱对,不仅使古色古香的雁栖塔充满文化气息,也使雁栖塔建筑组群的意境得到升华。

石碑北侧雁栖塔题字
汉白玉石碑正面书写"雁栖塔"三个大字,由书画家侯德昌书。

雁栖赋石刻
汉白玉石碑背面书写《雁栖赋》,由周笃文、蔡世平撰文,书法家杨再春书,贾会成刻。

雁栖楹联

(一) 碑亭

1. 北

匾额：春和景明

楹联：风翻白浪花千片，雁点青天字一行。

2. 南

匾额：雁栖高峰

楹联：声闻雁鹊千帆竞，影落楼台一镜涵。

(二) 山门

1. 南山门

(1) 北

匾额：天地长春

楹联：抚栏始觉汉唐近，摩顶方知天地宽。

(2) 南

匾额：秋水落霞

楹联：孤鹜落霞王勃句，长天秋水雁栖湖。

2. 西山门

匾额：华光风清

楹联：雁栖鹤舞华光漫，月白风清好梦长。

3. 东山门

匾额：春香秋韵

楹联：锦绣河山新面貌，安排大地好歌声。

(三) 雁栖塔一层

1. 北

匾额：雅悦云天

楹联：东方破晓先迎日，云路飞天欲化龙。

2. 西

匾额：玉春天宇

楹联：云开碧宇天呈象，月印澄湖水自鲜。

3. 南

匾额：福惠四季

楹联：且撑湖心明月去，请赏四季好花开。

4. 东

匾额：和风清韵

楹联：千载悠悠无国界，九州处处有亲朋。

(四) 雁栖塔三层

1. 北

匾额：妙造自然

楹联：隐隐钟声红螺寺，翩翩鹭影雁栖湖。

2. 西

匾额：物华天宝

楹联：雁醉三分诗句客，槐阴十里水边城。

3. 南

匾额：耕云种月

楹联：花景一园春酿造，清光满室月衔来。

4. 东

匾额：厚德吉光

楹联：须知海内存知己，但见门前有故人。

(五) 雁栖塔六层

1. 北

匾额：瑞兆宜春

楹联：闲对山窗观雁塔，细磨春雨写兰亭。

2. 西

匾额：岁通盛世

楹联：雁屿燕山穷远目，秦关汉月照清波。

3. 南

匾额：远望澹怀

楹联：花径不曾缘客扫，蓬门今始为君开。

4. 东

匾额：飞云含碧

楹联：峪口长城黄叶地，雁栖古镇碧云天。

(六) 雁栖塔九层

1. 北

匾额：雁栖塔

楹联：引客临湖观雁影，邀人登顶看京华。

2. 西

匾额：公诚勤朴

楹联：塔顶风光宜放胆，民间烟火最烘春。

3. 南

匾额：诚得厚爱

楹联：送客此间归去也，问君何日再来乎。

4. 东

匾额：歌满神州

楹联：山色共湖光入画，雁声合渔唱而歌。

03　文化升华

　　雁栖塔的室内设计延伸了宋代的人文气息，延续了宋式木作的构造做法，注重建筑细部的刻画。室内装饰精雕细琢，将宋代建筑的构造之美和装饰之精再现于世人面前。

　　在塔内空间的营造上，提取专属于宋式装饰元素的典型符号，演绎创新，力图表现出宋代的美学特征；避免造型装饰上的冗杂繁复，注重形态简化，强化木构建筑的表现力。

　　塔内顶棚以宋代藻井式天花为装饰主体，顶棚花朵图案的每一片花瓣都经过由浅到深、层层晕染绘制，深浅不同的颜色打造出立体而又生动的藻井纹样；从花瓣绘制过程中的严苛与精细，可以看出传统木构建筑装饰技艺的精湛。

雁栖塔一层室内（一）

塔内的梁柱布局运用了宋式营造中常用的减柱法和移柱法，八根圆柱硕大雄厚，坚耸于塔内，象征着人文精神和历史文化有着不可撼动的力量；柱础以宋代经典的覆盆式为主要样式，端庄沉稳的造型，低调而厚重的古铜金属质感，与红色的梁柱相结合，彰显出雁栖塔的庄严与雄浑。

室内颜色搭配主要以漆红为主，大面积的漆面使室内的色彩凸显。塔内木结构顶棚、梁柱和窗棂的装饰基调，辅以金色点缀和考究的细部处理，形成室内漆画的裱框。红和金的融合，是中国传统建筑装饰中独具特色的表现元素，展现出中国文化的雄浑大气、生机勃勃。

塔内陈设沿袭以质朴取胜的宋代家具的特点，从淡雅精致、不事雕琢的摆台到造型古雅、色彩纯净的摆件，再到精湛而别致的石雕挂画，无不体现出宋代典雅平正的艺术风格。

雁栖塔一层室内（二）

（左）室内藻井顶棚
（右）覆盆式柱础

雁栖塔六层室内（一）

雁栖塔室内壁画主要在一层和六层。一层壁画以国家"一带一路"战略为主题，将古代的丝绸之路等历史事迹与"一带一路"战略相结合。六层壁画主要以自然景观为主，展示了雁栖湖浑然天成的自然风光和气势雄伟的雁栖六景。

塔内一层的艺术品以时间为轴，按顺时针方向布局，分别呈现六幅以历史故事为题材的漆画作品。这六幅作品的主题按照历史的发展顺序分别为：张骞出使西域、班超经营西域、步辇图、文明之光、郑和下西洋和盛世华章。

塔内的六层呈现六幅以怀柔雁栖湖自然风光和当代人文建筑为主题的瓷板画作品。这六幅作品选取了雁栖湖六景作为主题进行创作，这六景分别为日出东方酒店、科技展览馆、雁栖亭台、雁栖湖国际会展中心、雁栖塔、雁栖湖国际会议中心。

雁栖塔承载着中华几千年的历史文化，展现着自古以来中国发展的和平、可亲、文明，将高雅的"不下堂筵，坐穷泉壑"的文人山水画意境，融入雁栖塔内的书画、家具、陶瓷、赏石等艺术陈设中，在格子门窗的光影里，形成了中国人特有的传统室内气息。雁栖塔作为文化之塔，是向世界展示中国文化的窗口，也传递着中国文化的新形象。

雁栖塔六层室内（二）

捌

天地人和　步移景迁

今天的雁栖岛,沿着中轴线由北到南,各个节点呈现出不同的地形地貌,不同的植被呈现出一年四季不同景致的变换。这些景致,在藏与露之间、自然与人文之间,体现着天人合一的和谐精神。

雁栖岛，不仅拥有作为国际盛会举办胜地而展现出来的声名远播的端庄之美，还有经得起细细品味的鲜为人知的清秀之美。从雁栖岛面西北，壮丽的长城与山景尽收眼底；从雁栖岛向东南，万顷碧波在湖面上无限展开。

暮色中的雁栖岛

远眺雁栖岛

建设者们通过对中国古典园林意境的再诠释，生动地创造出一份使人如临画境的体验。一石一亭，一草一木，移步换景，四季轮转，如同画笔绘就的美丽仙境。这里，以国际化的视角诠释了中国显性空间元素与隐性文化意涵的交融和谐；这里，不仅是经济大国恢宏壮观的待客之地，亦是古老东方宜山宜水的养心之境。

　　今天的雁栖岛，沿着中轴线由北到南，各个节点呈现出不同的地形地貌，不同的植被呈现出一年四季不同景致的变换。纵向轴线北端的"烟泽汀"，在环岛步道的进行中给游人提供驻足赏景之地；而南端通过"夏园"的跌水将人的视线再次带到宽阔的雁栖湖湖面上，国际会议中心旁的"冬园"和代表着APEC历史意义的"亚太伙伴林"更在岛内核心区域展现着雁栖岛的种种美好。这些景致，在藏与露之间、自然与人文之间，体现着天人合一的和谐精神。

01　21株白皮松——亚太伙伴林

"亚太伙伴林"是雁栖湖独一无二的景致，21棵共同被种下的白皮松是APEC成功举办的标志，21棵长青的松树更是亚太经济持久繁荣的象征。

2014年11月11日，中午11点58分，APEC领导人非正式会议第一阶段会议结束后，习近平主席和其他亚太经合组织成员经济体领导人由南广场穿过夏园，来到亚太伙伴林植树区，共同种植下21棵白皮松。

亚太伙伴林

组成亚太伙伴林的21棵两米多高的白皮松幼树针叶向上、浓翠墨绿，伞状的树冠枝叶繁盛茂密，灰绿色的树干挺拔苍劲。21个经济体代表们共同种植亚太伙伴林，体现了各经济体对保护环境的重视和对绿色发展的追求。

雁栖岛迎客石

"单丝不成线，独木不成林"。APEC 21个经济体领导人共同植下21株白皮松，寄望亚太经合组织成员共同发展、共同成长和共同进步，大家互为伙伴，所以命名树林为"亚太伙伴林"。今年种下树，明年枝繁叶茂，不断茁壮成长，寓意着亚太经合组织和成员经济体伙伴关系未来更好的发展。另外，种树还有绿色发展的含义，与我国和国际上秉持的绿色发展理念相契合。

为什么选择白皮松

白皮松为常绿乔木，树皮为白色，树姿优美，高可达30米，英国、美国、法国等许多知名植物园都引进过白皮松。选择白皮松原因有四个：第一，白皮松是我国特有的树种，是东亚地区唯一的三针松；第二，它具有非常强的抗旱、耐寒、抗污染特性，对城市污染例如二氧化硫等抗击能力强，而且没有病虫害；第三，白皮松适应性强，无论山区还是平原都长得好；第四，它寿命比其他树种长，一般能存活三四百年，最长的能活上千年。因此，白皮松代表了中国精神，代表了坚韧、健康、长久，种下白皮松寓意各经济体之间的合作和友谊也能一样长久、健康发展。

栽种友谊之树

在国际外交中，各国常以植树的方式体现友谊，《人民日报》曾刊登外交部礼宾司一名原参赞的文章，解释"友谊树"的由来。文中称，为表示友谊天长地久，友谊树大多数选用常青的树种，如松树、柏树等，也有的选择经济林木或观赏树种。

栽种友谊树一般有两种形式，一种是一国在接待来访领导人时，安排共同种树的环节；另一种是把本国特有的树种作为礼品赠送给他国，让其在他国落户。此次APEC峰会，我国选择了第一种形式。

遵循"低影响"原则的植栽设计系统

雁栖湖的植被设计始终贯彻"绿色"理念，是对场地充分尊重的"低影响"设计。为了找到作为引进和保护乡土物种、建设生态友好型植物景观的基本依据，保证在原有的基础上对生态环境做最少的改变，建设者们对植被现状做了非常详尽的调查和勘测。

在调查和勘测的过程中，专业的工作人员发现雁栖湖原有的部分混交林地形成非常不易，因此，在配合景观设计愿景的原则下竭尽所能地进行保留。对于容易复育或移植的果园苗圃和草地，则根据实际情况配合景观分区需要进行重新设计和开发。

02　清茗寒舍自在中——烟泽汀

雁栖岛北部为山地，多个贵宾酒店建于山顶。然而在人迹鲜至的北部山底，却别有一处世外桃源，它秉持着与景观整体规划方针一致的理念，使来访的贵宾能体验到传统中国文人雅士与自然和谐共处的传统意向和精神内涵。沿着蜿蜒的林间栈道，一路上可以欣赏到在这座岛屿上原生的林木与各色植栽，保留的湿地与重新移植的各种植被体现了设计师们力图在自然与工程设计之间实现的完美平衡。

顺着林间栈道翻山而至，便是满眼芦苇柳条临水而舞，更偶有大雁游戏其中。湿地中间建有一个木屋茶室，由曲折的水上栈道连接，来宾们能在开放的茶亭空间里与自然融为一体，远眺长城山景、近收碧波万顷。如此人间仙境，诠释的是雁栖岛隐世静谧的文化意境。

烟泽汀

雨水还湖的水资源管理系统

在中国北方，水资源非常珍贵，为了能妥善并合理地利用大自然所赋予的取之不易的珍贵水资源，也为了维护雁栖湖项目基地与整个雁栖湖区的生态，建设者们制订了一套完整而先进的雨洪管理系统。

雁栖岛雨水排放，本着源于自然、归于自然的生态理念，确立了岛内雨水入渗还湖的设计原则。雁栖岛内绿化面积及透水性铺装面积大于70%，最大程度实现了雨水入渗，补充地下水。

在这套系统中，不仅利用生态景观设计保留、净化、涵养雨洪，使水资源能够再生循环利用；同时，也让基地与周边湖区达成稳定共生的可持续发展状态。为了在这套雨洪管理系统中完成对水资源的妥善维护和管理，建设者们在三个方面进行了出色的设计。

首先，在竖向设计方面，依照自然地形的坡向特点，在建造景观的同时，尽可能地减少土方量，并做到整体上的土方平衡。

在场地雨水排水方面，则遵循着增加地表径流的设计原则，雨水经平道牙进入生态草沟、雨水花园、旱溪，最终自净化后排入湖体，岛内雨水几乎没有使用任何人造管材，最大限度保证了雨水入渗和还湖。

同时，下凹式绿地的设计，更有利于使雨水入渗。下凹式绿地，就是在看上去较为平整的绿地上，通过地势起伏，形成不同的小水洼，用于降雨量较大时存留、涵蓄部分雨水，目的是让暂时不能入渗的雨水得以缓存，在雨停后再缓慢入渗，延长雨水下渗时间。

在屋面排水方面，雨水会经过有组织的收集后，经建筑内排水系统排到地表，经过石堆消能后，通过地表径流最终渗入地下或排入湖体。

另外，根据场地地势及景观规划设计，遵循分散排水理念，将场地分成若干个子汇水区，对各个汇水区的雨水实施分散管理。外围地区的雨水径流，主要侧重于水质的净化，经生态处理后，直接排入雁栖湖。核心建设区的雨水，侧重于净化和利用两个方面，净化后收集的雨水将首先应用于冬园内湖和夏园内湖。

通过以上技术的应用，无论是入渗还是还湖，雁栖岛项目实现了雨水100%回归自然的理念。

下凹式绿地

智能喷灌　　雁栖岛绿化灌溉大量使用了智能喷灌的方式，正常情况下喷灌较浇灌节水50%以上，极大提升用水效率的同时也提升了人工效率。按照雁栖岛绿化面积计算，使用智能喷灌相比传统人工浇灌方式，年节水可达10万吨左右。按照普通家庭每月用水量10吨计算，智能喷灌节省的水量折合可够800多个家庭使用一年，同时折合年节省人工3000工日，极大节省了人力、物力。

旱溪

03　柳荫薇艳，嬉水濯足——夏园

　　曲水叠瀑、柳荫薇艳，嬉水濯足、跳石踏青，尽享荷风四面，不堪夏凉清薄，宜临湖听泉、赏荷品醴，是谓夏园。

　　夏园是国际会议中心南侧的一处水景游园，是在原来的水湾地貌上设计修整而成的。流水在山石间穿梭跳跃，潺潺而下汇聚入雁栖湖。层层叠叠的荷花池，承载着夏日的清凉，将这至美的一切带进了雁栖岛。

国际会议中心南广场与夏园鸟瞰
自然石驳岸堆砌，四湾清水错落而下，尽显中式园林叠山理水之美。

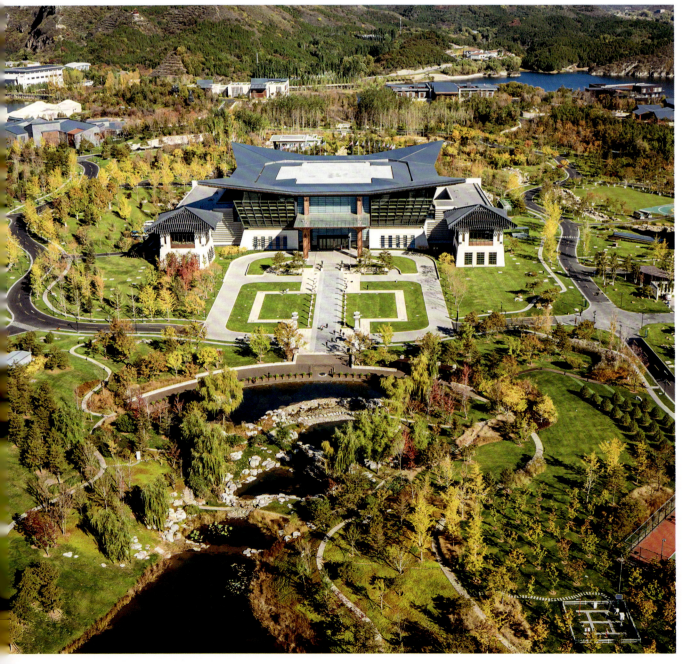

夏园滨水

夏园水景

以呈现夏季景观为考量的"夏园",由于地势相对平坦、原生的植被较符合景观设计的需求,因此,在保护和保留现状植被外,通过移栽雁栖岛内其他区域的山桃、苹果、山楂、杏、樱桃等果树来营造景观,便于管理与经营。

以四季田园之美的意象塑造的"夏园"呈现出了广阔土地上的物产丰饶之美与生机盎然的生态景观。利用地势不同,种植各式果类与林木;并由会议中心前的草坪往湖面渐次降低的水涧,在营造成片果园农业景观的同时,点缀或保留现有杨、柳等树木,顺应地势种植,形成特色植物物种,呈现水乡润泽梦幻的风景,展现中国田园之美。

日暮黄昏,当雁栖岛白日的喧嚣归于宁静,夏园的美才开始弥漫张扬。近似魅惑的水天色泽,疏影横斜的湖光倒影,营造出另一个奇幻的世界。

夏园涌泉

雁栖岛植物景观

全岛根据原始场地特点,分山地、平地、水岸等地势类型,因势利导、因地制宜,种植乔木1.4万株,灌木11万株,水生植物2.7万平方米,地被花卉、球根花卉、草坪、组合地被总计达到了15万平方米。

全岛植物景观遵循四点策略:融于自然,田园闲趣,体验中国文化韵味,乐享四季。

植物的设计遵循"隐秘山林"的概念,补植符合原有林相特征的树种,强化场地的自然特性,营造出一个人与自然和谐的原生态林地。在"天地人和"的思想之下,人为的设计改变能与原始自然环境融为一体,对环境造成最小的破坏,并最大限度地保留原生自然资源。

夏园观景亭

雁栖岛植物景观

景观特写

景观特写

景观特写

污水就地处理

雁栖岛内设置日处理量10吨的小型污水处理设备，采用生物膜处理工艺。污水处理后用于园林灌溉，每年可实现节水3000吨。同时通过膜池内生物降解有机物等有毒有害物质，出水指标可以达到城市污水排放一级A标准，可用于绿化灌溉。

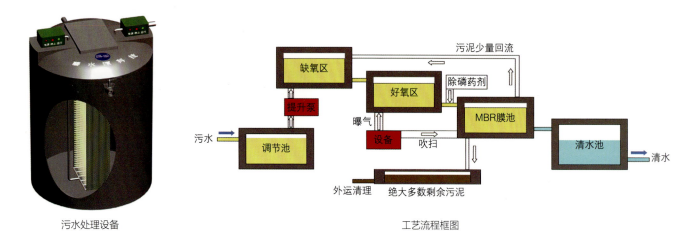

污水处理设备　　　　　　　　　　　　工艺流程框图

生态保护原则：车道系统、滨水带和岛上动物栖息地

车行道系统不仅尽量减少了路面宽度，还采用相对生态环保的沥青路面和平道牙，只有在入口区域才采用少量的石材铺装。人行道系统铺装和墙体的材料质感则顺应各个区块的建筑风格特点。

在雁栖湖区，对基地与水的关系必须慎重地予以考虑。对于人工开挖所分割出来的水道河岸的处理也是一大重点。针对不同的水岸，建设者们将其细分成四区进行处理：由于基地周边水岸长期以来早已达到相对稳定的状态，因此予以保留；靠近建筑的驳岸，考虑建筑本身的结构，为了确保岸线稳定，进行地质探勘予以确认；改动较大的新建区域则采用生态工法对驳岸进行加固以减少水土流失、增加种植空间，并丰富生态多样性；至于基地切开的水道部分，则施以人工河道护岸设计，确保新生河岸的稳定与环境的和谐。

同时，对项目基地进行如此大规模的规划开发，对岛上生态系统必定会造成一定程度的冲击，因此栖息地的修复至关重要。建设者们特别针对陆地与湿地两部分的栖息地修复方案进行分析与规划，期望原本在这里生活的鸟类、昆虫、动物等，都能在复育之下得到完善的生存环境，并达到人类与之和谐共生的目的，彻底实践项目启动之初就想达到的理念。

雁栖岛滨水带

04 登高赏雪，望月怀远——冬园

山野峻峭、青松屹立，穿行上下、透迤曲折，或遇修竹深茂，或遭繁花复地，宜登高赏雪、望月怀远，是谓冬园。

冬园位居国际会议中心北边山坡，登上山顶凉亭往南可纵观国际会议中心，往北则一片山野烂漫景致。

散置园区中的各种景观雕塑，在园内塑造了大型的户外艺廊。贵宾可在园区欣赏各项雕塑并参观"美术馆"的各项展览，也可以饱览壮阔的大山大水，感受绝佳的参观体验。整座"冬园"尽显中国传统的园林风格。

山底有旱溪穿梭其间，大雨时节水流湍急奔流而下，平日则是花草满渠别有韵味，更有小桥跨溪而设。登山下溪、过桥驻亭，将小小的园子于蜿蜒曲折间游览得妙趣横生。

（上）冬园石拱桥
（下）冬园观景亭

充电桩

电动汽车充电桩　　雁栖岛内共建设有12处外观简洁的交流充电桩，一柱双充并可单独控制状态；做到与景观环境充分融合的同时，实现绿色洁净能源的使用。充电桩的设置，一般在人员密集区域的室外停车位旁，为电动汽车提供充电条件。

冬园花径
满山色彩缤纷的野花几乎掩埋了曲曲弯弯的登山小径，
穿行其间不得不分花拂柳，景色明暗有致十分有趣。

雁栖湖生态发展示范区、雁栖岛建设大事记

- 2010年4月8日　　　北京市政府制定《北京雁栖湖生态发展示范区项目建设工作方案》，并成立北京雁栖湖生态发展示范区项目建设领导小组。
- 2010年12月8日　　北京市委会议确定"汉唐飞扬"的国际会议中心设计方案。
- 2010年12月18日　北京雁栖湖生态发展示范区项目举行奠基仪式，正式开工。

- 2011年3月15日　　北京市规划委和怀柔区人民政府、北控集团共同组织雁栖岛设计方案专家咨询会，设计方案经专家一致认可。
- 2011年3月22日　　北控置业公司向北京市市政府汇报了深化后的全部方案设计和初步设计，获得认可。
- 2011年9月22日　　雁栖岛[1]工程开工仪式隆重举行。

1　项目名称为"核心岛"。

- 2011年9月30日　　怀柔区政府与北控置业签订北京雁栖湖生态发展示范区开发合作协议。
- 2011年10月16日　北京市规划委员会、怀柔区人民政府主持召开了《北京雁栖湖生态发展示范区生态示范项目指南》项目验收会，通过专家验收并颁布实施。
- 2012年4月28日　　雁栖岛对外联络通道工程京承高速至京加路段，即雁栖湖联络线竣工通车。
- 2012年6月30日　　北京雁栖湖国际会议中心结构封顶。
- 2013年10月　　　习近平主席参加在巴厘岛举办的APEC第21次领导人非正式会议，正式宣布2014年APEC峰会在北京雁栖湖举办。
- 2014年5月16日　　雁栖湖国际会议中心集贤厅亮相。
- 2014年6月30日　　雁栖岛全部工程竣工。
- 2014年11月11日　2014年第二十二次APEC领导人非正式会议在雁栖岛隆重举行。
- 2014年11月15日　雁栖湖国际会议中心试营业。
- 2014年11月17日　雁栖酒店开业。
- 2015年1月28日　　雁栖岛项目荣获中华人民共和国住房和城乡建设部颁发的《三星级绿色建筑设计标识证书》。
- 2015年7月17日　　北京雁栖湖国际会议中心荣获北京市第十八届优秀工程设计建筑工程综合奖（公共建筑类）一等奖（已公示）。

  雁栖酒店荣获北京市第十八届优秀工程设计建筑工程综合奖（公共建筑类）三等奖（已公示）。
- 2015年10月　　　雁栖湖国际会都雁栖岛入口广场及南广场景观设计荣获中国建筑学会颁发的"2015年全国人居经典环境金奖"。
- 2015年11月17日　雁栖岛项目中雁栖湖国际会议中心和雁栖酒店荣获2014~2015年度中国建设工程鲁班奖（国家优质工程）。
- 2015年11月18日　雁栖岛项目荣获第十三届中国土木工程詹天佑奖。

致　谢

艾奕康建筑设计（深圳）有限公司
北京市建筑设计研究院有限公司
中国建筑设计研究院
清华大学建筑设计研究院有限公司
北京清尚环艺建筑设计院有限公司
赫希贝德纳联合私人有限公司
晋思建筑咨询（上海）有限公司北京分公司
罗克威尔设计集团
维迩森室内建筑设计(上海)有限公司
北京新纪元建筑工程设计有限公司
华通设计顾问工程有限公司
艾奕康环境规划设计（上海）有限公司
北京市煤气热力工程设计院有限公司
北京市市政工程设计研究总院
北京国奥时代新能源技术发展有限公司
北京数字营国信息技术有限公司
北京双圆工程咨询监理有限公司
北京城建集团有限责任公司
北京建工集团有限责任公司
中国建筑第八工程局有限公司
北京承达创建装饰工程有限公司
北京港源建筑装饰工程有限公司
北京弘高建筑装饰设计工程有限公司
北京丽贝亚建筑装饰工程有限公司
江苏中信建设集团有限公司
深圳海外装饰工程有限公司
深圳市奇信建设集团股份有限公司
浙江亚厦装饰股份有限公司
北京金都园林绿化有限责任公司
北京市花木有限公司
江苏澳洋园林科技发展有限公司
北京房修一建筑工程有限公司
北京京仪自动化系统工程研究设计院有限公司
北京京泰国际贸易有限公司

特别说明：以上单位排序不分先后。

图书在版编目（CIP）数据

雁栖岛 / 北京北控置业有限责任公司，北京北控国际会都房地产开发有限责任公司编著. —北京：中国建筑工业出版社，2016.1

（雁栖湖）

ISBN 978-7-112-18951-9

Ⅰ.①雁… Ⅱ.①北…②北… Ⅲ.①湖泊-介绍-怀柔区 Ⅳ.①K928.43

中国版本图书馆CIP数据核字（2016）第004883号

丛书总策划：咸大庆
责 任 编 辑：郑淮兵　马　彦　王晓迪
版 式 设 计：锋尚设计
责 任 校 对：张　颖　关　健

雁栖湖

雁栖岛

北京北控置业有限责任公司
　　　　　　　　　　　　　　　　　编著
北京北控国际会都房地产开发有限责任公司

*

中国建筑工业出版社出版、发行（北京西郊百万庄）
各地新华书店、建筑书店经销
北京锋尚制版有限公司制版
北京盛通印刷股份有限公司印刷

*

开本：965×1270毫米　1/16　印张：16½　字数：376千字
2016年1月第一版　2016年1月第一次印刷
定价：180.00元
ISBN 978-7-112-18951-9
（27977）

版权所有　翻印必究
如有印装质量问题，可寄本社退换
（邮政编码100037）